친구에게 마음을 전하는

귀여운 메모지 접기

저자 이시카와 마리코

차례

Part 1

귀엽고 쓰임이 많은 메모지 접기

Part 2

정말 좋아! 먹는 것 & 달콤한 것

'메모지 접기'가 뭐지?

메모지 접기에 대해
들어본 적이 없다고요?
먼저, 간단히 설명할게요.

1
메모지로
종이접기를 해 주세요.

친구에게 보낼 메시지를
메모지에 쓰고,
종이접기처럼
귀엽게 접어요.

메모지 접기
이럴 때 써요.

친구에게
빌린 책을
돌려
줘야지.

고마워!

하지만…
바빠서
못 만났어.

그래! 메모지에
편지를 써서
책에 끼우자.

3

**마음이 듬뿍
전해질 것 같아요.**

메시지가 적힌 종이를
그냥 주는 것보다
조금 정성을 들이면,
마음이 더 잘 전해지겠죠?

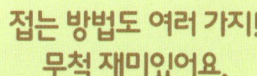

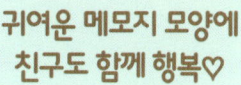

4

**접는 방법도 여러 가지!
무척 재미있어요.**

메시지 내용에 알맞게
여러 가지로 종이접기를
할 수 있다면, 받는 친구가
깜짝 놀랄 거예요!

2

**귀여운 메모지 모양에
친구도 함께 행복♡**

참 귀여운 메모 편지,
받은 친구도
행복한 기분이 돼요.

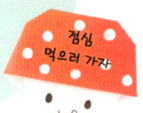

다양한 메모지로
접어 보세요

메모지 접기는 메모패드나 책갈피,
색종이 등 주변의 어떤 종이로도
접을 수 있어요.

메모패드

내용과 상대에 따라 무늬와
디자인을 바꿔 재미나게 골라서 써요.
아무 무늬가 없는 메모패드에
자유롭게 그림을 그려도 좋아요.
선이 있으면 글쓰기가 쉬워요.

메모지의 크기가 다르면 접는 방법
에 나온 그림과 모양이 똑같지 않을
수도 있어요. 접는 방법을 참고해서
나만의 메모지 접기를 해 보세요.

스프링 노트

끝에 있는 구멍 때문에 메모지
같아요. 찌~익 찢어서 무심한 듯
살짝 접으면, 호감도 UP!
두껍지 않은 것을 고르세요.

접착식 메모지

정사각형의 접착식 메모지는
매우 편리해요. 접기가 아주 쉬운
메모지 크기예요.

귀여운 디자인으로
기분도 UP!

책갈피(페이지 마커)

어디라도 붙였다 뗄 수 있는
띠 모양의 접착식 메모지.
선물을 줄 때나 빌린 것을 돌려줄 때
탁 붙여 주면 좋아요.
크기와 무늬가 무척 다양해요.

색종이

색, 무늬, 크기가 다양하고
접기 쉬운 것이 특징이에요.
양면 색종이는 앞뒤가
다 보이도록 접을 때 딱 좋아요.

7.5×7.5cm의 작은 크기
색종이로도 잘 접을 수 있어요.

귀엽고 쓰임이 많은
메모지 접기

하트, 리본, 원피스, 핸드백 등 여자아이가
좋아하는 것을 종이접기 해 보세요.
어떤 게 마음에 드나요?

밸런타인데이에
초콜릿과
같이 전해요.

하트 모양으로 접기

마음을 담은 메시지라면 하트 모양이 제격이죠!
상대방에게 마음이 전해지도록 메모지를 하트 모양으로 접어 보세요.

하트 모양으로 접는 방법

종이 크기 ● 직사각형(18×12㎝, 14.5×10.5㎝, 14×10.5㎝, 11×7㎝, 7.5×4㎝)

하트 모양은 여자아이 대부분이 좋아해요. 멋진 색과 무늬가 있는 종이로 접어 친구나 가족에게 보내 보세요.

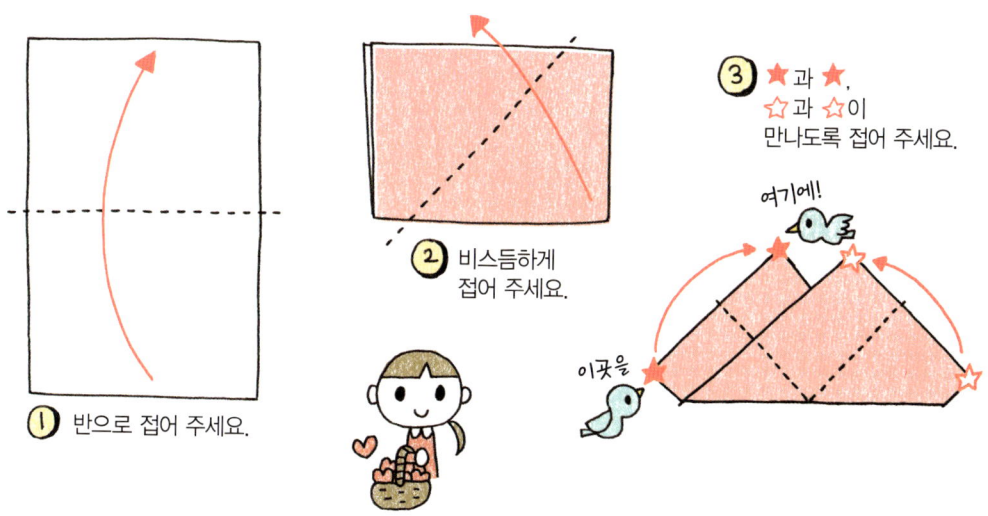

① 반으로 접어 주세요.

② 비스듬하게 접어 주세요.

③ ★ 과 ★,
☆ 과 ☆이
만나도록 접어 주세요.

여기에!

이곳을

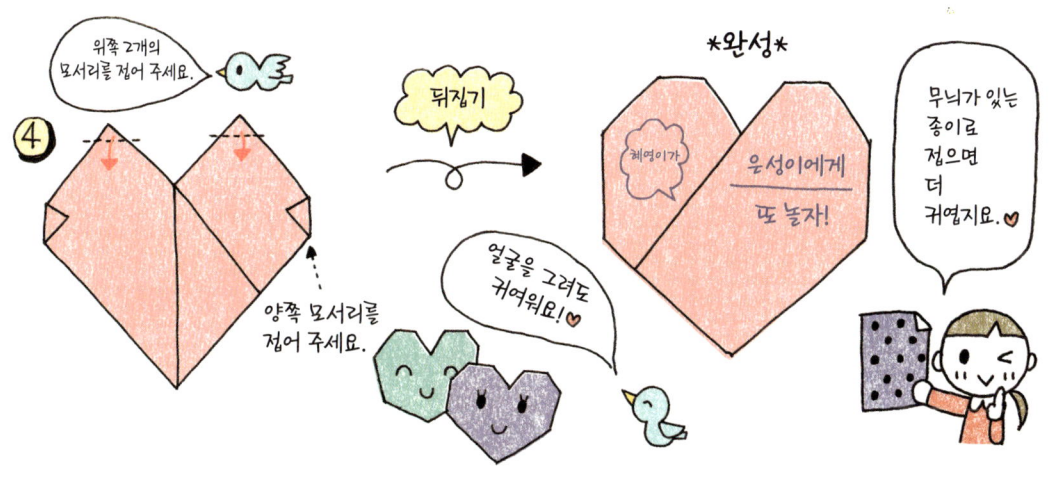

④ 위쪽 2개의 모서리를 접어 주세요.

양쪽 모서리를 접어 주세요.

뒤집기

얼굴을 그려도 귀여워요! ♥

완성

혜영이가

운성이에게 또 놀자!

무늬가 잇는 종이로 접으면 더 귀엽지요. ♥

리본 모양으로 접기

선물을 포장할 때도 잘 어울릴 것 같은 리본 모양.
선물에 넣는 메시지 카드 대신 리본 모양으로 메모지를 접어 보내 보세요.

즐거웠어 서희

새롬에게 쇼핑 같이 가자 지수

FOR YOU

사랑스러운 그림과 짧은 메시지를 쓰면 좋아요.

리본 위에 좋아하는 무늬를 그리거나 메시지를 쓰면, 선물 받는 기분도 UP! 뒤에 클립을 붙여 꽂을 수 있게 해도 좋아요.

리본 모양으로 접는 방법

종이 크기 ● 정사각형(15×15㎝, 8.5×8.5㎝)

① 반으로 접어 주세요.

② 반으로 접어 주세요.

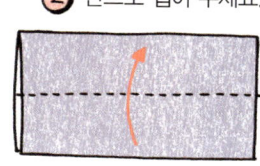

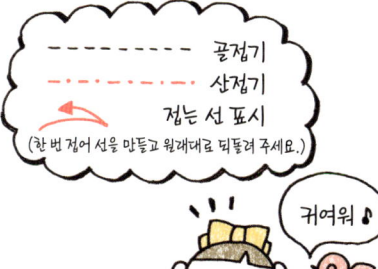
───────── 골접기
─·─·─·─ 산접기
접는 선 표시
(한 번 접는 선을 만들고 원래대로 펴들려 주세요.)

귀여워 ♪

가운데에 접는 선을
미리 만들어 놓으면 편해요.

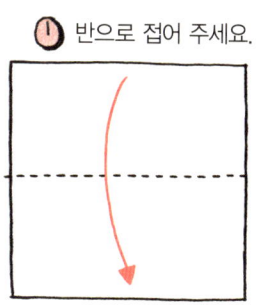

③ 위쪽의 양끝을 중심에서
비스듬히 접어 주세요.

④ 반으로 접어 주세요.

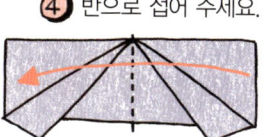

⑤ 접어 주세요.

⑥ 접은 부분을
반으로 접었다가 펴서
접는 선을
표시해 주세요.

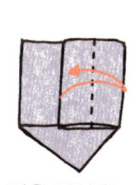

⑦ 펼친 뒤 접어 주세요.

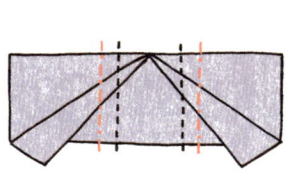

뒤집기

접은 모습

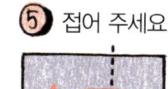

완성

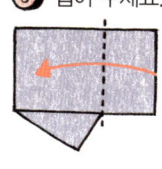

여러 가지
디자인의
종이로 접어
주세요. ♥

나비 모양으로 접기

작고 사랑스러운 메모지 접기♡
간편한 메모 편지는 짧은 메시지를 전하기에 딱 알맞은 크기예요.

나비 모양으로 접는 방법

종이 크기 ● 정사각형(10×10cm, 8.5×8.5cm, 7.5×7.5cm)

① 삼각형으로 접고,
다시 한 번 접어 주세요.

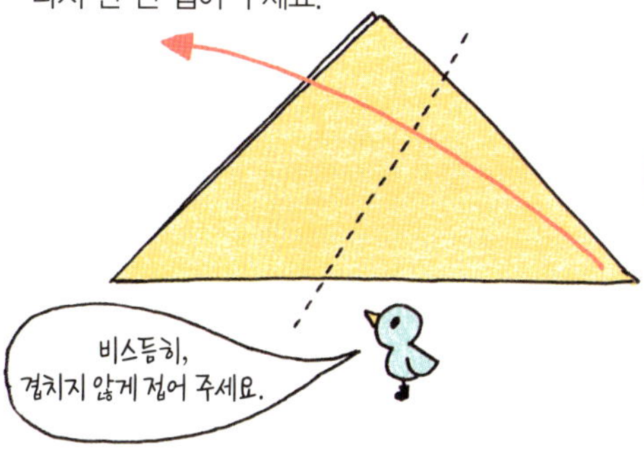

비스듬히,
겹치지 않게 접어 주세요.

돌리기

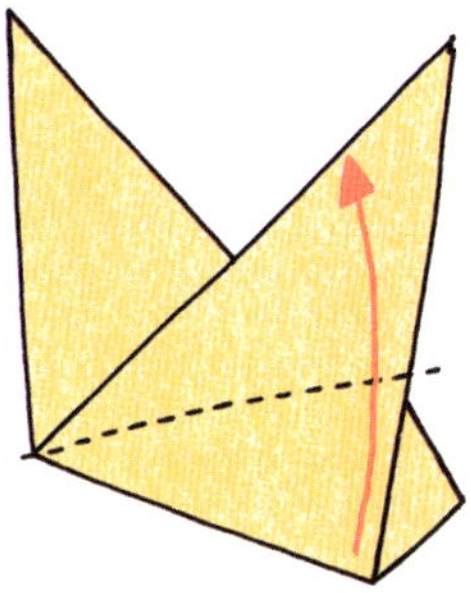

② 위쪽 앞 장과
겹치도록
접어 주세요.

③ 비스듬히 접어 주세요.

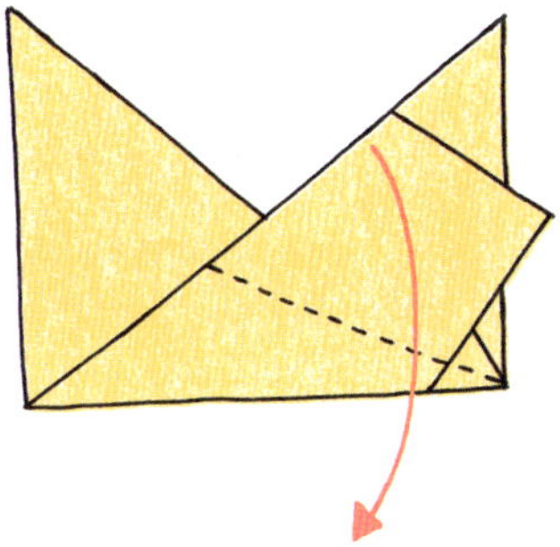

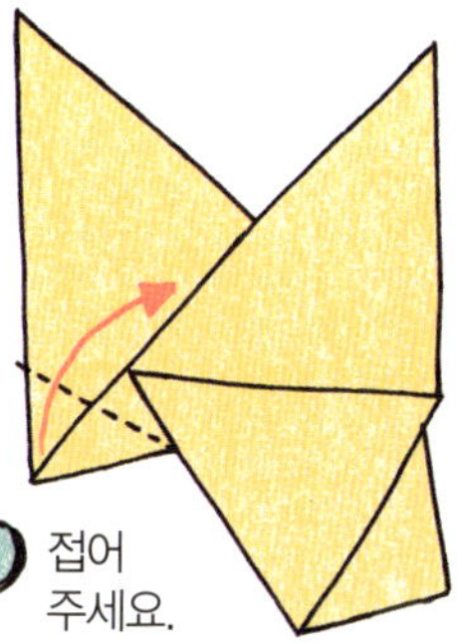

④ 접어
주세요.

완성

Thank you!

얼굴과 무늬를
그려 주세요.☆

편지지 접기 & 봉투 접기

기본적인 편지지 접기와 작은 크기의 귀여운 봉투 접기예요.
쉽고 간단하게 접어서 사용할 수 있으니 잘 익혀 두세요.

FOR YOU

봉투 접기

편지지 접기

DEAR.
미진

FROM. 영선

자현이에게

미진이가

우편번호를 쓰는 칸이나
우표 그림을 그려서
편지처럼 보이게 해도
멋져요.

모양이 단순해서 누구에게나, 어떤
내용에도 사용할 수 있는 메모 종
이접기예요.

14

편지지 접는 방법

종이 크기 ● 직사각형(15×10㎝), 정사각형(7.5×7.5㎝)

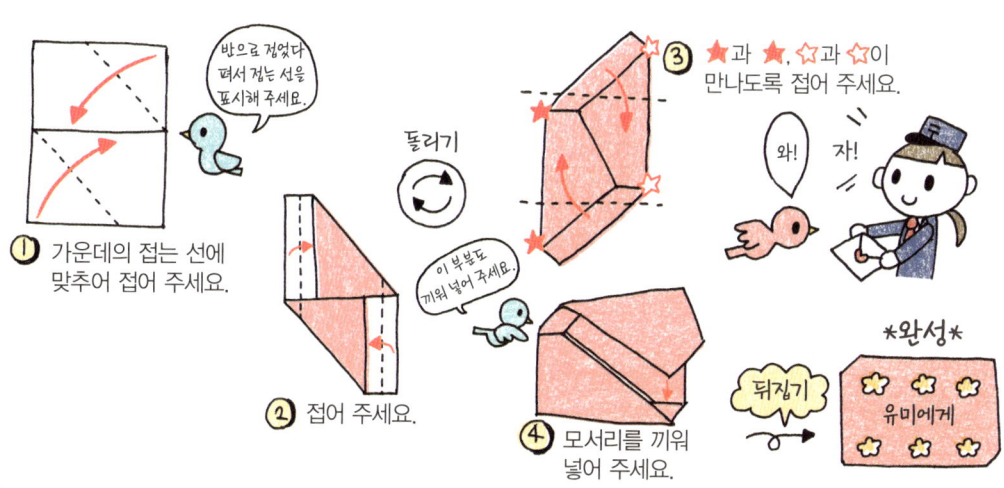

반으로 접었다 펴서 접는 선을 표시해 주세요.

① 가운데의 접는 선에
맞추어 접어 주세요.

돌리기

이 부분도 끼워 넣어 주세요.

② 접어 주세요.

④ 모서리를 끼워
넣어 주세요.

③ ★과 ★, ☆과 ☆이
만나도록 접어 주세요.

와! 자!

뒤집기

＊완성＊
유미에게

봉투 접는 방법

종이 크기 ● 직사각형(10×15㎝)

접는 선 표시
(한 번 접어 선을 만들고 원래대로 되돌려 주세요.)

① 아래를 1/4보다 조금 작게
접은 다음, 모서리를
삼각형으로 접었다 펴서
접는 선을 표시해 주세요.

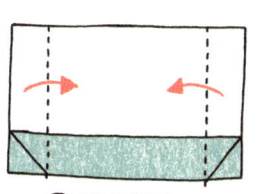

② 양쪽 끝을
접어 주세요.

③ 양쪽 모서리를 삼각형으로
접어 주세요.

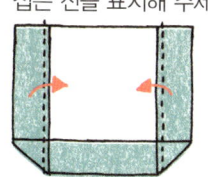

④ 접은 부분을
한 번 더 접어 주세요.

⑤ 양쪽 모서리를
비스듬히 접고,
끼워 넣은 것처럼
접어 주세요.

안에 작은
메모를 넣어도
좋아요.

＊완성＊
혜린이가

무늬를 그리고,
포인트를 주세요.

집 모양으로 접기

팔랑팔랑 페이지가 넘어가는 메모지예요.
페이지마다 메시지나 그림을 넣어 이야기를 만들어 보세요.

똑똑
안녕하세요.

우리 카페에
초대해요.

넘기면
이런 그림을 볼 수 있게
그렸어요.

받을 사람이 메모지를 볼 때
페이지 넘길 것을 생각해서 그
림을 그려 보세요. 세워서 장식
품으로 쓰기에 좋아요.

집 모양으로 접는 방법

종이 크기 ● 정사각형(15×15㎝, 10.5×10.5㎝)

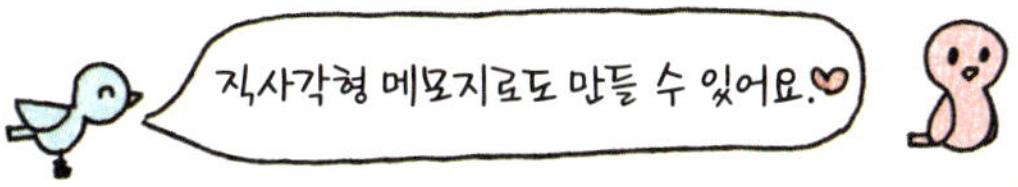

직사각형 메모지로도 만들 수 있어요.♡

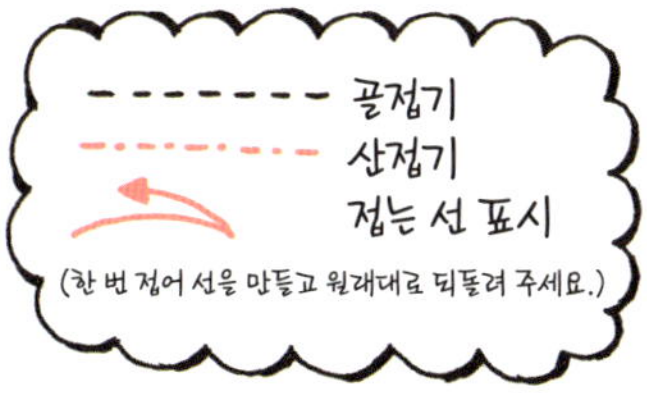

골접기
산접기
접는 선 표시

(한 번 접어 선을 만들고 원래대로 되돌려 주세요.)

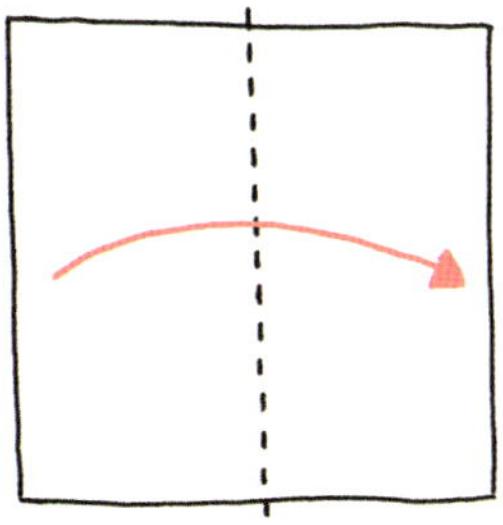

접은 모습

① 반으로 접어 주세요.

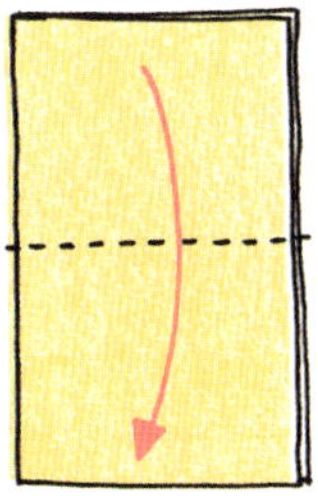

② 다시 반으로 접어 주세요.

③ 위쪽 모서리를 가운데에 맞추어 접었다 펴서 접는 선을 표시해 주세요.

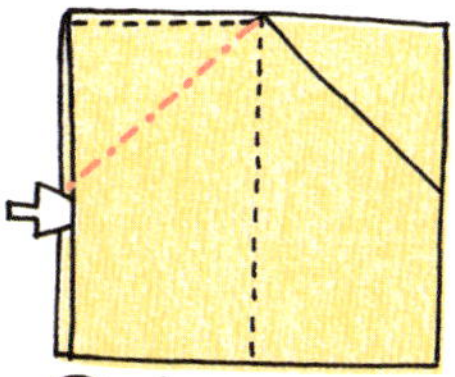

④ ⬆ 부분을 펼치며 눌러 접어 주세요.

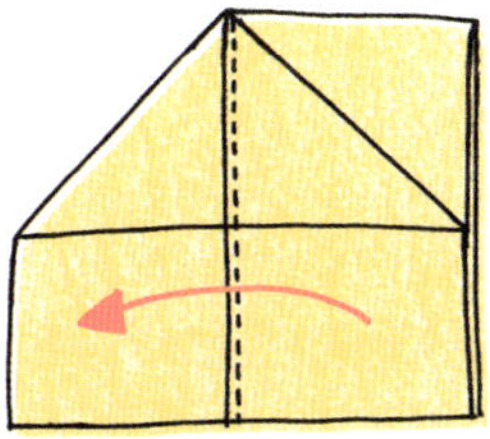

⑤ 접었으면 오른쪽 앞 장을 넘겨 주세요.

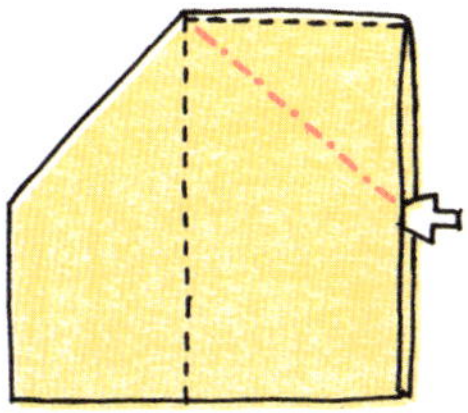

⑥ 반대쪽도 펼치며 눌러 접어 주세요.

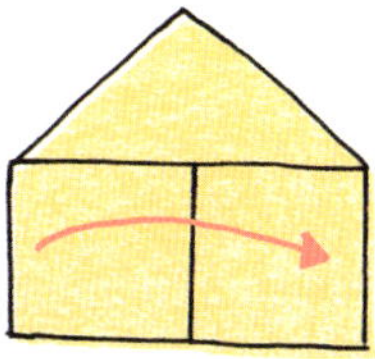

⑦ 왼쪽 앞 장을 다시 넘겨 주세요.

＊완성＊

무늬나 메시지를 그려 주세요.

지영 ♥

각각의 면에 그림을 그려 귀여운 동화책으로!

펼치면서 넘길 수 있어요♪

17

원피스 모양으로 접기

예쁜 원피스는 공주님 드레스 같아요.
프릴과 리본을 그려 장식해 보세요.

스프링 노트의 구멍이
아래쪽으로 오게 해서
접으면 레이스 같아요!

같이
쇼핑 가자!
수지가

치마 밑단이나 양쪽 끝을
접어, 자신만의 디자인으
로 완성할 수 있어요.

원피스 모양으로 접는 방법

종이 크기 ● 직사각형(13×8cm, 12×7.5cm)

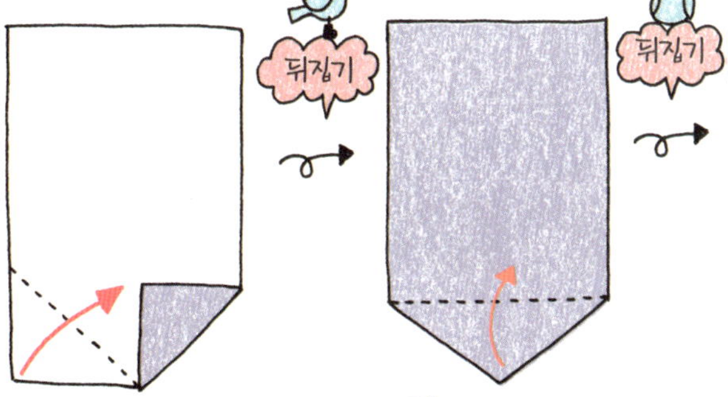

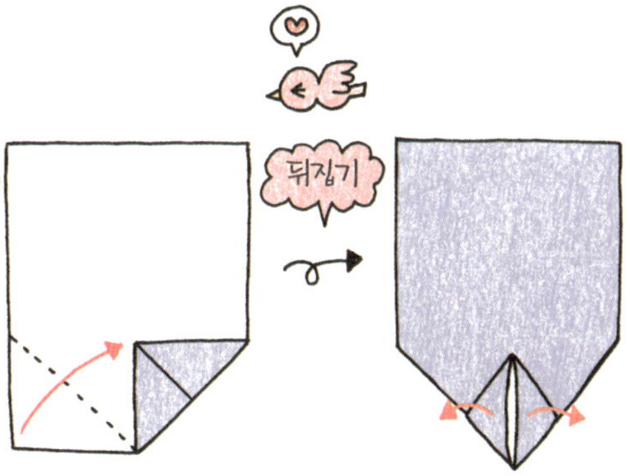

뒤집기

① 가운데에 맞추어
삼각형으로 접어 주세요.

뒤집기

② 접은 부분을
다시 한 번 접어 주세요.

뒤집기

③ ①과 같이 접어 주세요.

④ 가운데를 펼치며
눌러 접어 주세요.

접은 모습

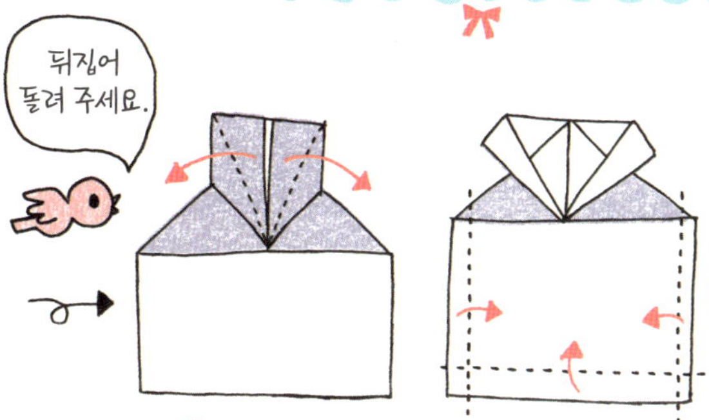

**뒤집어
돌려 주세요.**

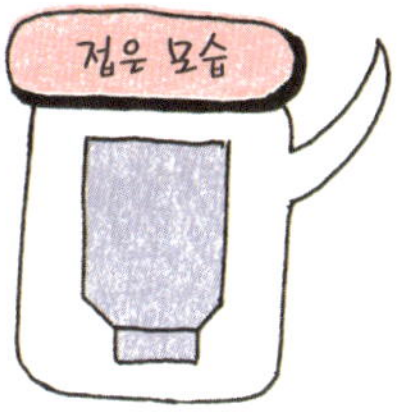

⑤ 펼치며 눌러
접어 주세요.

⑥ 아랫부분과
양쪽을 접어 주세요.

뒤집기

＊완성＊

또 같이
쇼핑
가자♡

드레스를
장식하니
멋지죠? ♥

하얀색 펜으로
그려도 귀여워요.

19

고양이 가방 모양으로 접기

고양이 귀가 정말 귀여운 가방 모양의 메모지.
리본과 끈을 달면 핸드백이 돼요.

귀여운 스티커를 넣어
친구에게
선물해 보세요!

고양이 얼굴 부분을 뚜껑처럼
열고 닫을 수 있어요.

고양이 가방 모양으로 접는 방법

종이 크기 ● 정사각형(15×15㎝, 7.5×7.5㎝)
준비물 ● 리본이나 끈, 가위

① 조금 접어 주세요.

② 다시 한 번 접어 주세요.

접은 모습

뒤집기

접는 선 표시
(한 번 접어 선을 만들고 원래대로 되돌려 주세요.)

③ 1/3 부분을 접어 주세요.

④ ③에서 접은 부분에 맞추어 접었다 펴서 접는 선을 표시해 주세요.

⑤ 아랫부분을 끼워 넣어 접어 주세요.

⑥ 접어 주세요.

이 부근 이에요.

⑦ 가위로 자르고, 양쪽 모서리를 비스듬히 접어 주세요.

외출 이다 ♡

⑧ 리본이나 끈을 끼운 뒤 접어 주세요.

⑨ 뒤로 접어서 끝부분을 끼워 넣어 주세요.

조금 길다고 생각되면, 2번 접어도 OK!

열면 소풍을 보관할 수 있어요.

얼굴을 그려 주세요.

＊완성＊

21

삼각형 봉지 모양으로 접기

데구르르 구를 것처럼 재미난 모양의 삼각형 봉지.
보기보다 만들기 쉬워요!
봉지가 편지 역할을 하는 깜찍한 메모 종이접기예요.

도움을 받은 친구나 고마운 친구에게 사탕과 조그만 과자를 넣어 나눠 주어 보세요.

삼각형 봉지 모양으로 접는 방법

종이 크기 ● 직사각형(7.5×15㎝, 5.5×11.5㎝, 4×8.5㎝)
준비물 ● 마스킹테이프

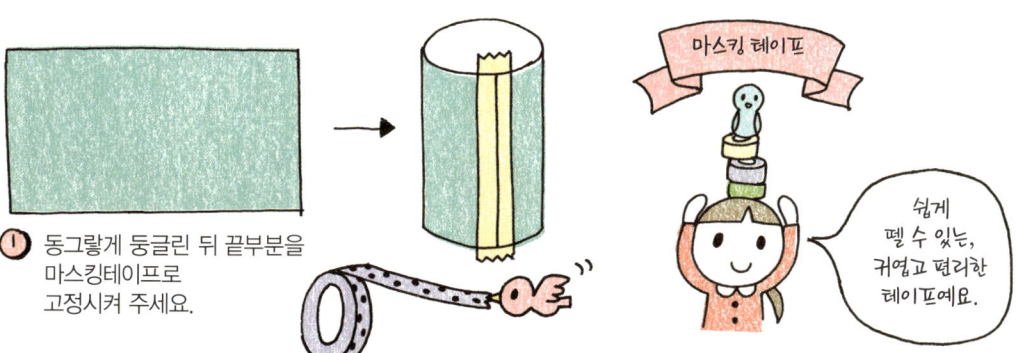

① 동그랗게 둥글린 뒤 끝부분을
마스킹테이프로
고정시켜 주세요.

마스킹 테이프

쉽게
뗄 수 있는,
귀엽고 편리한
테이프예요.

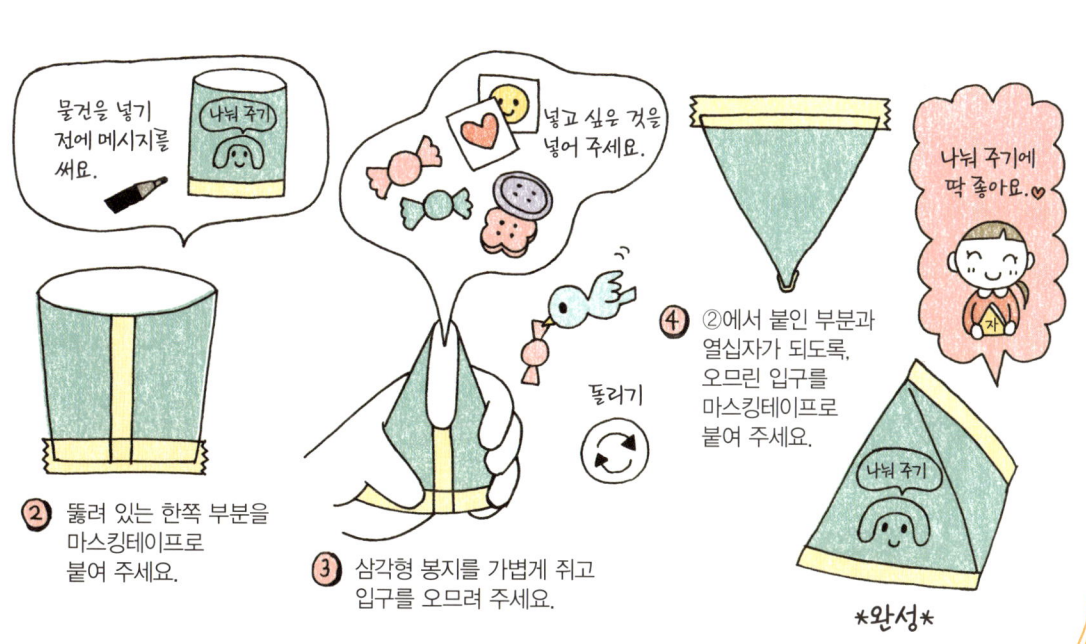

물건을 넣기
전에 메시지를
써요.

나눠 주기

넣고 싶은 것을
넣어 주세요.

돌리기

④ ②에서 붙인 부분과
열십자가 되도록,
오므린 입구를
마스킹테이프로
붙여 주세요.

나눠 주기에
딱 좋아요. ♡

② 뚫려 있는 한쪽 부분을
마스킹테이프로
붙여 주세요.

③ 삼각형 봉지를 가볍게 쥐고
입구를 오므려 주세요.

나눠 주기

완성

곰 모양으로 접기

모두가 좋아하는 곰 모양 메모지예요.
사랑스러운 곰 메모지를 받으면 마음의 상처도 모두 치유될 거예요.

피크닉
가자!!

토요일.
12시
공원에 집합!

ㄱ
곰

M.K☆

주변의 여러 가지 메모지로
만들어도 귀엽게
완성할 수 있어요.

편지 내용에 맞추어 곰의 눈과 입
의 모양, 표정을 바꾸어도 좋아요!
리본을 달거나 볼 등에 포인트를
그려 보세요.

곰 모양으로 접는 방법

종이 크기 ● 정사각형(15×15cm, 10.5×10.5cm)

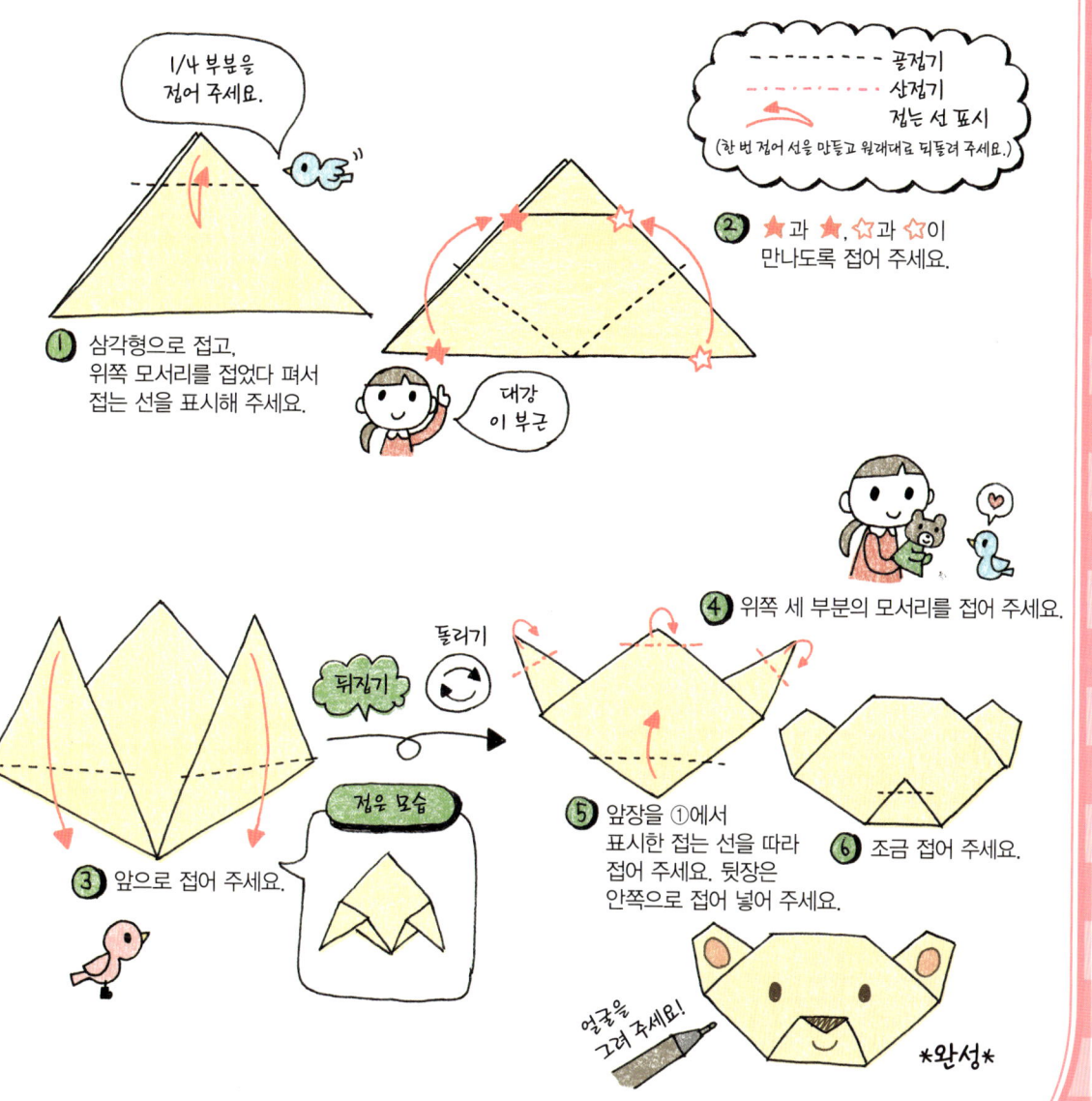

1/4 부분을 접어 주세요.

꼴접기
산접기
접는 선 표시
(한 번 접어 선을 만들고 원래대로 되돌려 주세요.)

① 삼각형으로 접고, 위쪽 모서리를 접었다 펴서 접는 선을 표시해 주세요.

대강 이 부근

② ★과 ★, ☆과 ☆이 만나도록 접어 주세요.

④ 위쪽 세 부분의 모서리를 접어 주세요.

뒤집기   돌리기

접은 모습

③ 앞으로 접어 주세요.

⑤ 앞장을 ①에서 표시한 접는 선을 따라 접어 주세요. 뒷장은 안쪽으로 접어 넣어 주세요.

⑥ 조금 접어 주세요.

얼굴을 그려 주세요!

완성

25

쥐 모양으로 접기

'찍찍' 귀여운 쥐 모양 메모지의 매력은 커다란 귀예요.
귀 부분에 메시지를 써 보세요.

시합 힘내

1O시에 만나자

귀에 리본이나 하트 등
예쁜 장식을 그리면
귀여움이 UP!

마지막에 코를 꺾어 접어야 해요.
얇은 종이를 사용하면 접기 쉬워요.

쥐 모양으로 접는 방법

종이 크기 ● 정사각형(15×15cm, 10.5×10.5cm, 10×10cm, 8.5×8.5cm)

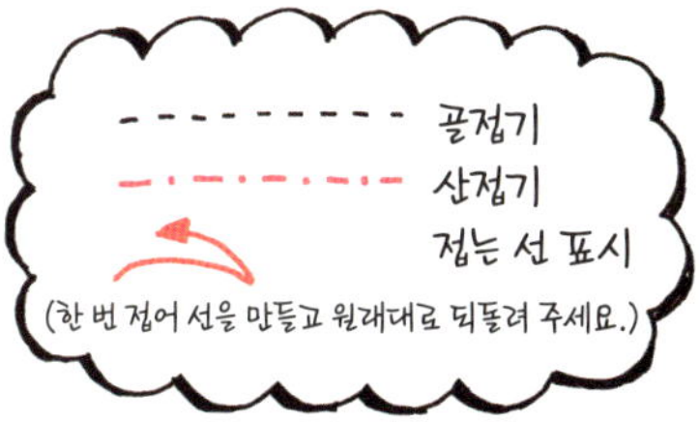

- - - - - - 골접기
- · - · - 산접기
→ 접는 선 표시

(한 번 접어 선을 만들고 원래대로 되돌려 주세요.)

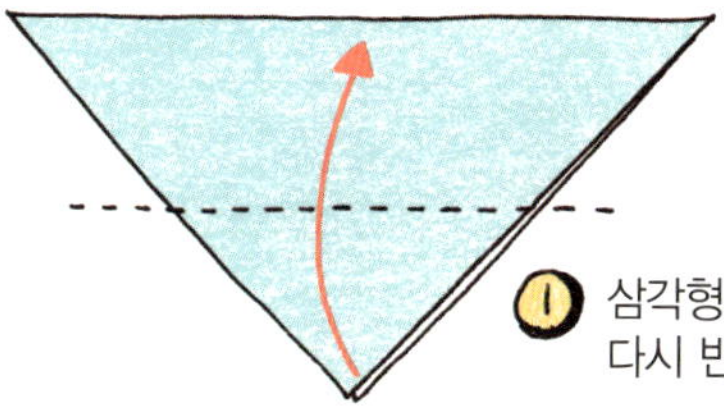

접은 모습

접은 모습

뒤집기

① 삼각형으로 접고,
다시 반으로 접어 주세요.

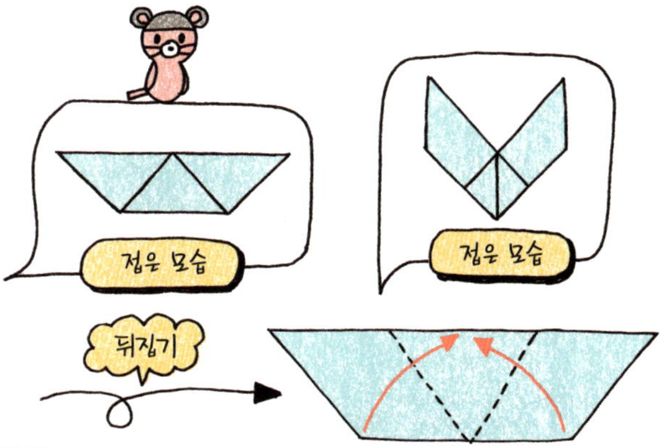

② 가운데에 맞추어
양쪽을 접어 주세요.

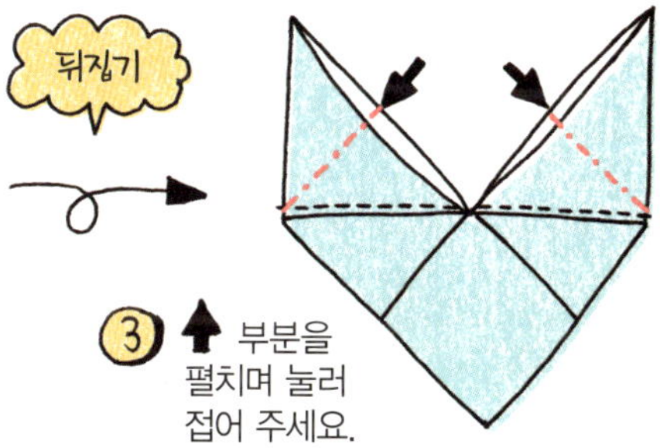

뒤집기

③ ↑ 부분을
펼치며 눌러
접어 주세요.

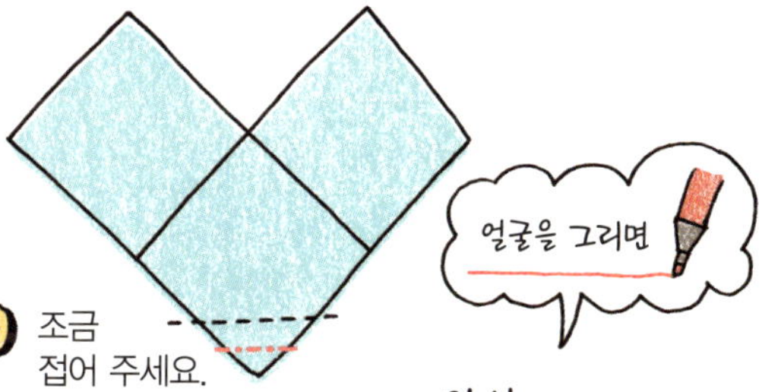

Chu~ ♪

④ 조금
접어 주세요.

영차
영차

얼굴을 그리면

완성

Hello!

27

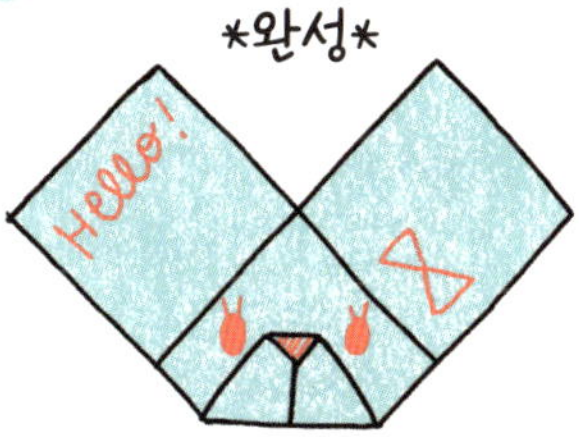

작은 쪽지 모양으로 접기

작고 사랑스러운 쪽지 모양 종이접기♡
간단한 쪽지 편지는 짧은 메시지를 담기에 딱 알맞은 크기예요.

아기 삼각형 모양
접는 방법▶31쪽

얼굴과 표정을 그리면,
마음을 좀 더
전할 수 있어요.

보이 & 걸 모양
접는 방법▶30쪽

반지 모양
접는 방법▶31쪽

강아지 모양
접는 방법▶29쪽

연필 모양
접는 방법▶30쪽

공부에 관한 메시지에
딱 좋은 디자인이에요.
공부할 마음도 UP!

쪽지는 색깔과 크기, 모양이 다
르게 여러 가지로 접을 수 있어
요. 오늘의 기분에 알맞은 쪽지
를 골라 접어 보세요.

강아지 모양으로 접는 방법

종이 크기 ● 쪽지(2.5×7.5㎝)
준비물 ● 가위

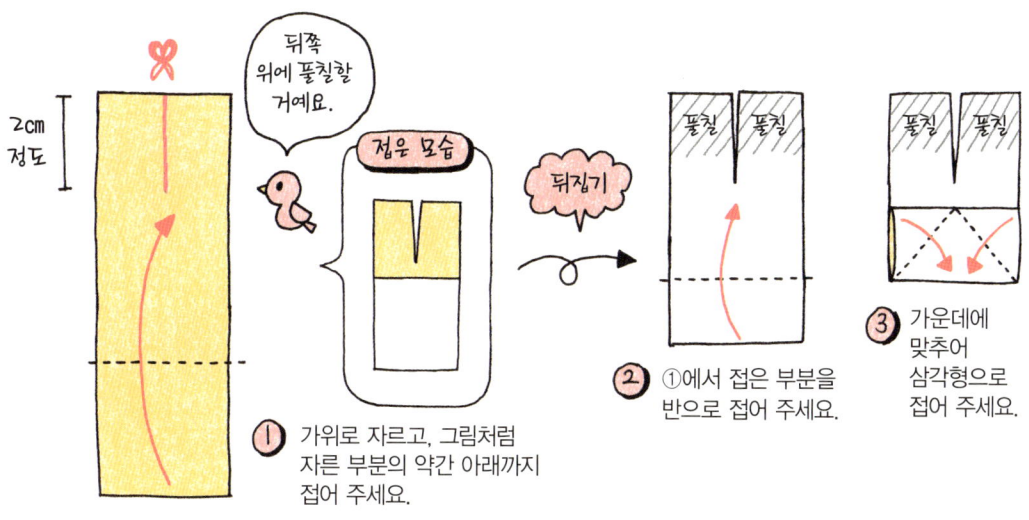

2㎝
정도

뒤쪽 위에 풀칠할 거예요.

접은 모습

뒤집기

① 가위로 자르고, 그림처럼 자른 부분의 약간 아래까지 접어 주세요.

풀칠 풀칠

② ①에서 접은 부분을 반으로 접어 주세요.

풀칠 풀칠

③ 가운데에 맞추어 삼각형으로 접어 주세요.

③에서 접은 부분을 조금 접어 주세요.

풀칠 풀칠

④ 자른 부분을 비스듬히 접어 주세요.

눈과 코를 그리자!

＊완성＊

쪽지를 펼치면 메시지가 ♡

오늘 채우시간 기다려져 ♡♡

착

귀 뒤쪽에 풀칠이 되어 있어 책이나 노트에 착 붙일 수 있어요.

연필 모양으로 접는 방법

종이 크기 ● 쪽지(2.5×7.5㎝)
준비물 ● 가위

이 부분까지 접어 주세요.

뒤집기

연필심을 칠해 주세요.

완성

유미 에게 ♥

① 가위로 들쑥날쑥하게 잘라 주세요.

접은 모습

③ 가운데에 맞추어 삼각형으로 접어 주세요.

② 윗부분을 조금 남기고 접어 주세요.

쪽지를 펼치면 짧은 메시지가 ♥

연필 고마워★

보이 & 걸 모양으로 접는 방법

종이 크기 ● 쪽지(2.5×7.5㎝)
준비물 ● 가위

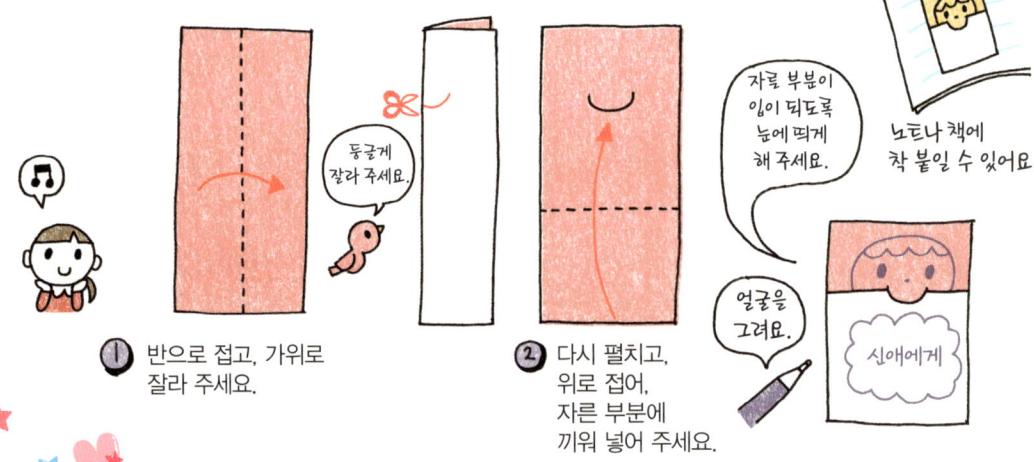

둥글게 잘라 주세요.

자른 부분이 입이 되도록 눈에 띄게 해 주세요.

노트나 책에 착 붙일 수 있어요.

① 반으로 접고, 가위로 잘라 주세요.

② 다시 펼치고, 위로 접어, 자른 부분에 끼워 넣어 주세요.

얼굴을 그려요.

신애에게

아기 삼각형 모양으로 접는 방법

종이 크기 ● 쪽지(2.5×7.5㎝)
준비물 ● 가위

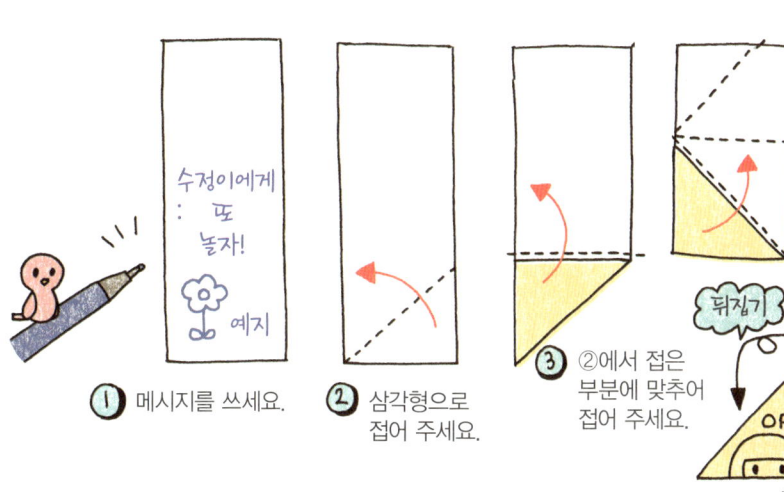

① 메시지를 쓰세요.

② 삼각형으로 접어 주세요.

③ ②에서 접은 부분에 맞추어 접어 주세요.

④ ②와 ③을 반복해 접어 주세요.

삼각형이 될 때까지 접어 주세요!

접은 모습

뒤집기

OPEN

짧은 메시지를 써도 좋아요.

완성

반지 모양으로 접는 방법

종이 크기 ● 쪽지(2.5×7.5㎝)

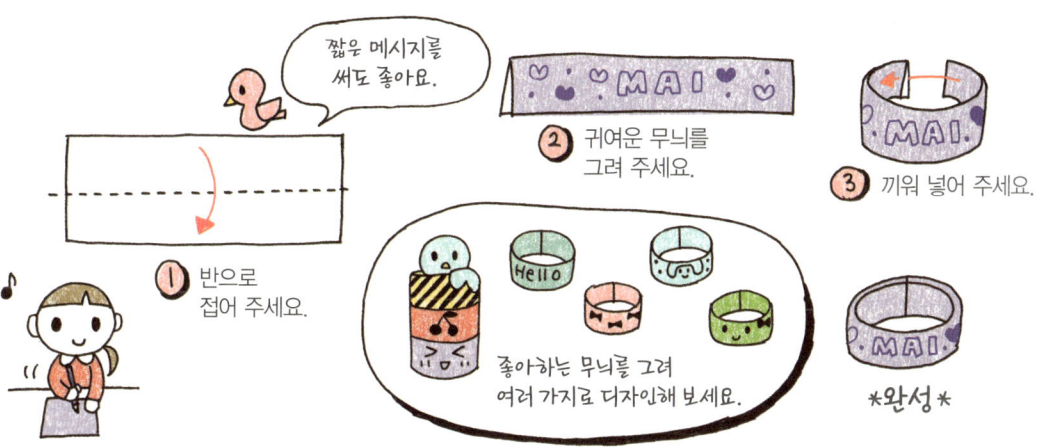

짧은 메시지를 써도 좋아요.

① 반으로 접어 주세요.

② 귀여운 무늬를 그려 주세요.

③ 끼워 넣어 주세요.

좋아하는 무늬를 그려 여러 가지로 디자인해 보세요.

완성

Part 2

정말 좋아!
먹는 것 &
달콤한 것

탐스러운 과일과 달콤한 캔디처럼
먹는 것 모양의 편지지는 어때요?
얼굴을 그리면 더 재미있어요.

곳곳에 별이나
물방울 모양을 넣으면
멋져요.

사탕 모양으로 접기

먹으면 힘이 날 것 같은 사탕 메모지.
소중한 사람에게 힘을 나눠 주세요.

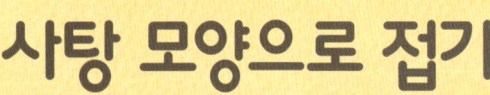

32

사탕 모양으로 접는 방법

종이 크기 ● 정사각형(8.5×8.5㎝, 7.5×7.5㎝)
준비물 ● 가위

끝부분을 들쑥날쑥 자르고 중간중간에도 자르는 부분이 있으므로, 메시지는 마지막에 쓰는 게 좋아요. 직사각형 종이로도 만들 수 있어요!

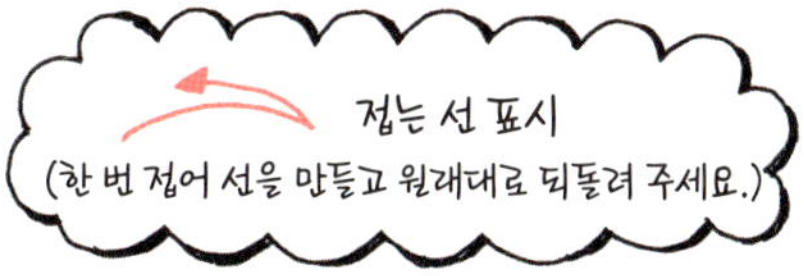

① 3등분해서 접어 주세요.

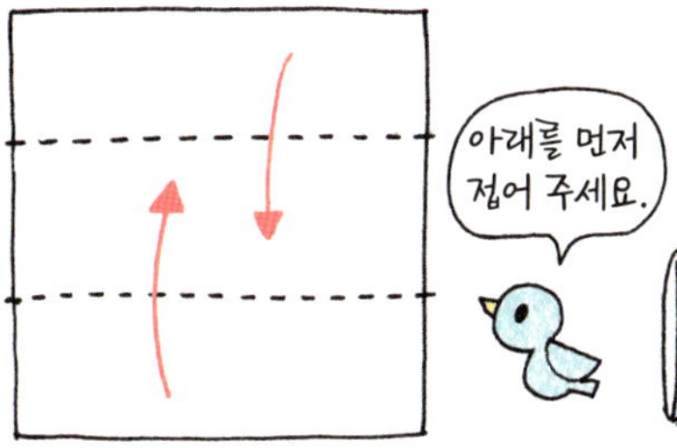

아래를 먼저 접어 주세요.

접는 선 표시
(한 번 접어 선을 만들고 원래대로 되돌려 주세요.)

② 반으로 접어 주세요.

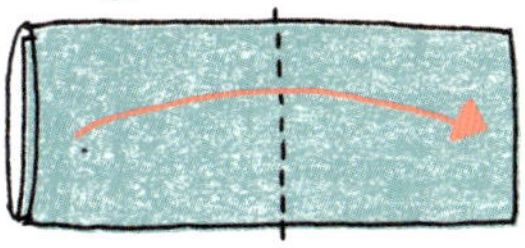

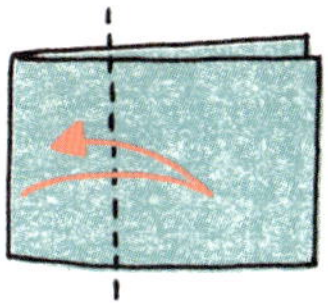

③ 1/3 부분에서 접었다 펴서 접는 선을 표시해 주세요.

④ ③에서 만든 접는 선의 위아래를 조금 가위로 자르고, 끝부분을 들쑥날쑥하게 잘라 주세요.

⑤ 펼친 뒤 자른 부분을 접어 주세요.

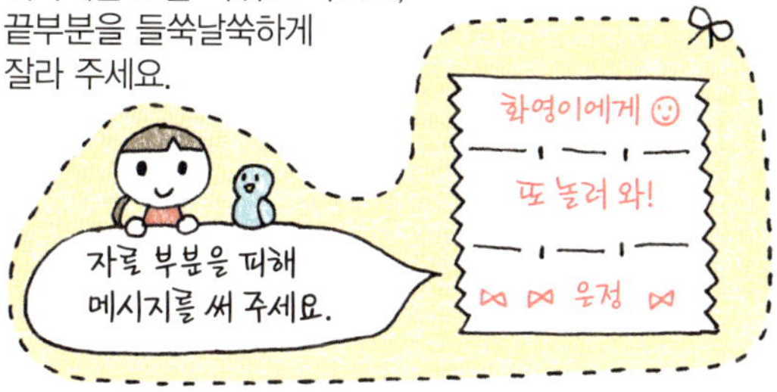

접은 모습

자른 부분을 떼해 메시지를 써 주세요.

화영이에게 ☺
또 놀러 와!
▷◁ ▷◁ 은정 ▷◁

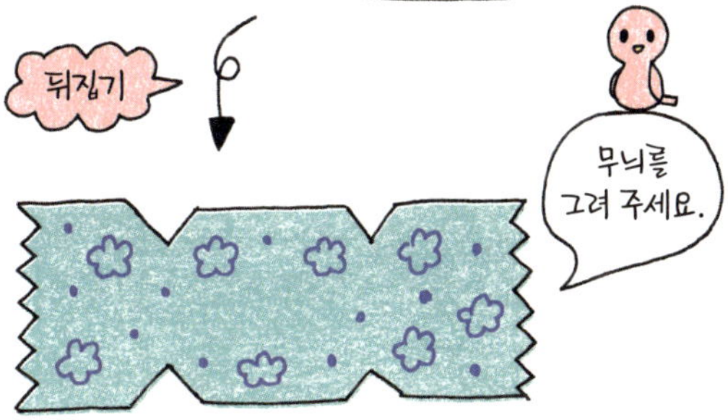

뒤집기

무늬를 그려 주세요.

완성

쿠키 & 아이스크림 모양으로 접기

쿠키와 아이스크림! 달콤한 것을 좋아하는 사람에겐 참을 수 없는 간식이죠.
먹을 것과 관계 있는 내용을 보낼 때 좋아요.

표정과 토핑을 그려
귀엽게
완성하세요.

쿠키 모양
메모지

아이스크림 모양
메모지

모서리를 조금 접어
둥글게
만들 수 있어요.

순식간에 만들 수 있는 메모지
예요. 먹을 것을 선물로 받았다
면, 답례나 감상을 써서 보내 보
세요.

쿠키 모양으로 접는 방법

종이 크기 ● 정사각형(7.5×7.5㎝)

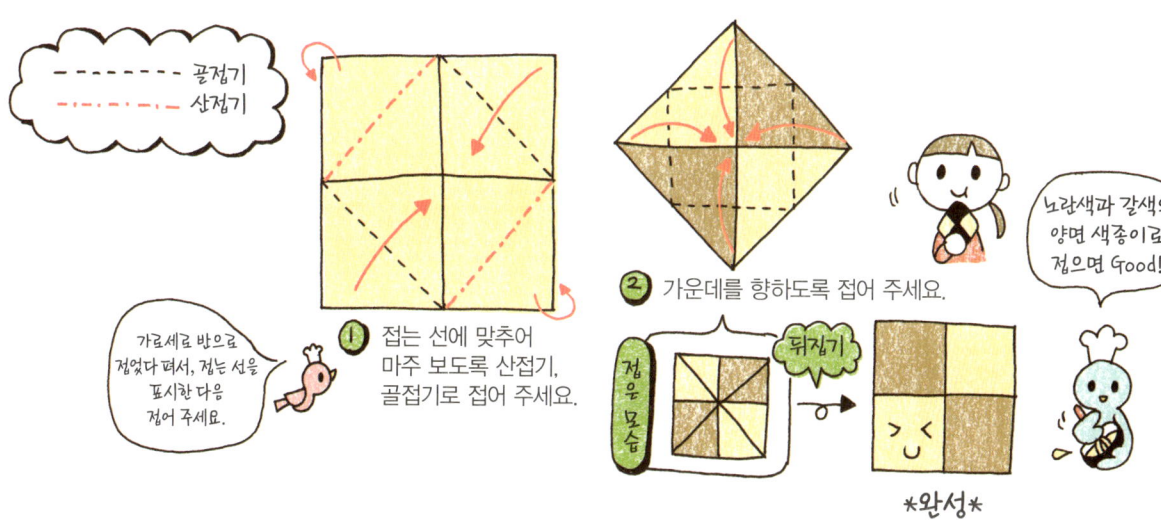

골접기

산접기

가로세로 반으로 접었다 펴서, 접능 선을 표시한 다음 접어 주세요.

① 접는 선에 맞추어 마주 보도록 산접기, 골접기로 접어 주세요.

② 가운데를 향하도록 접어 주세요.

접은 모습

뒤집기

완성

노란색과 갈색의 양면 색종이로 접으면 Good!

아이스크림 모양으로 접는 방법

종이 크기 ● 정사각형(10.5×10.5㎝, 7.5×7.5㎝)

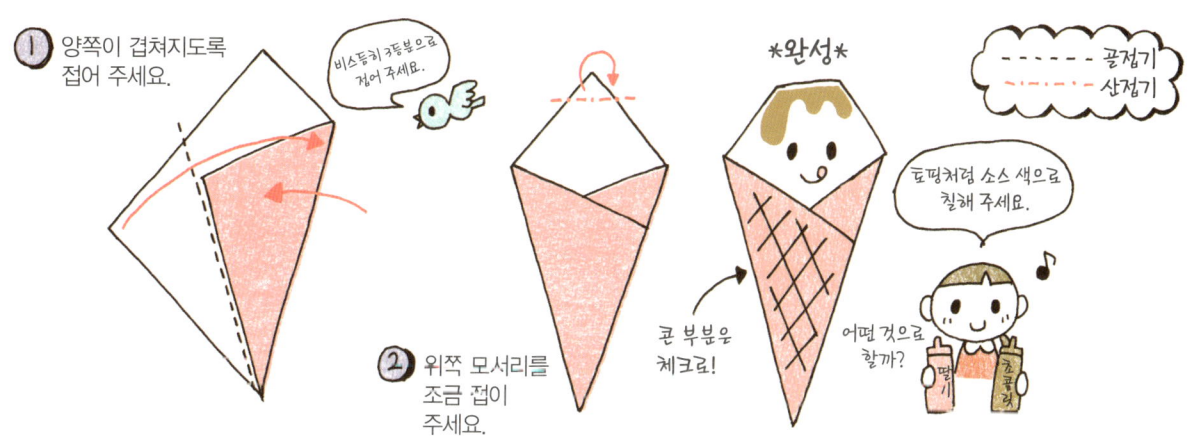

① 양쪽이 겹쳐지도록 접어 주세요.

비스듬히 가등분으로 접어 주세요.

② 위쪽 모서리를 조금 접어 주세요.

콘 부분은 체크로!

완성

골접기

산접기

토핑처럼 소스 색으로 칠해 주세요.

어떤 것으로 할까?

귀여운 무늬의 종이로 접고, 그림
이나 스티커로 장식해 보세요.
받는 친구도 기뻐할 거예요.

컵 부분에
무늬를 그리는 것이
포인트예요.

고마워

컵케이크 모양으로 접기

사랑스러운 컵케이크를 보면 마음까지 달콤해져요.
생일이나 파티 때 사용하면 좋은, 화려한 디자인의 메모지예요.

컵케이크 모양으로 접는 방법

종이 크기 ● 정사각형(15×15㎝)
준비물 ● 장식용 스티커, 가위

편지 쓸 면을
뒤로 해서 시작해요. ☆

접는 선 표시
(한 번 접어 선을 만들고 원래대로 되돌려 주세요.)

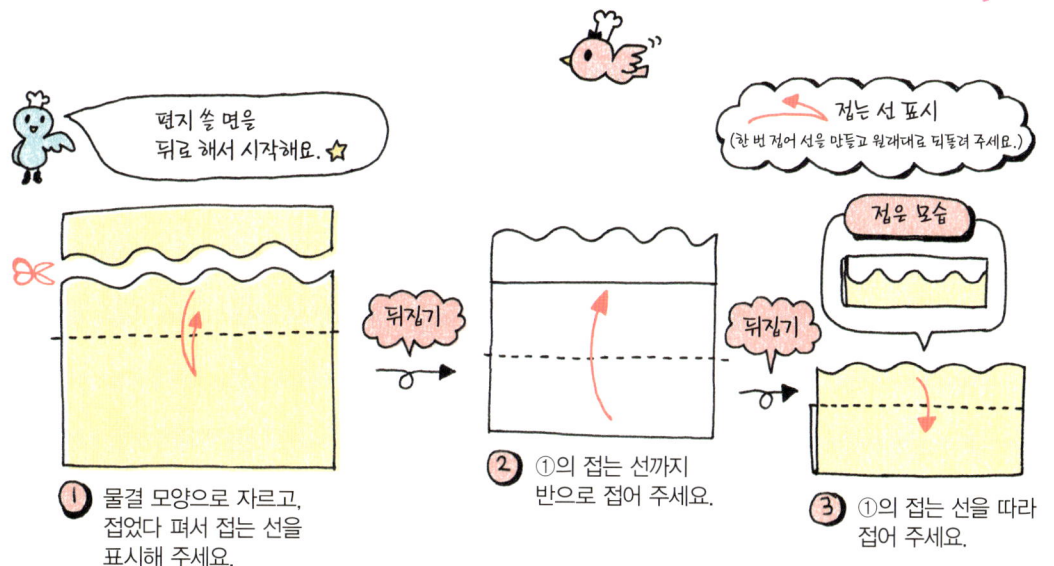

접은 모습

뒤집기

뒤집기

① 물결 모양으로 자르고,
접었다 펴서 접는 선을
표시해 주세요.

② ①의 접는 선까지
반으로 접어 주세요.

③ ①의 접는 선을 따라
접어 주세요.

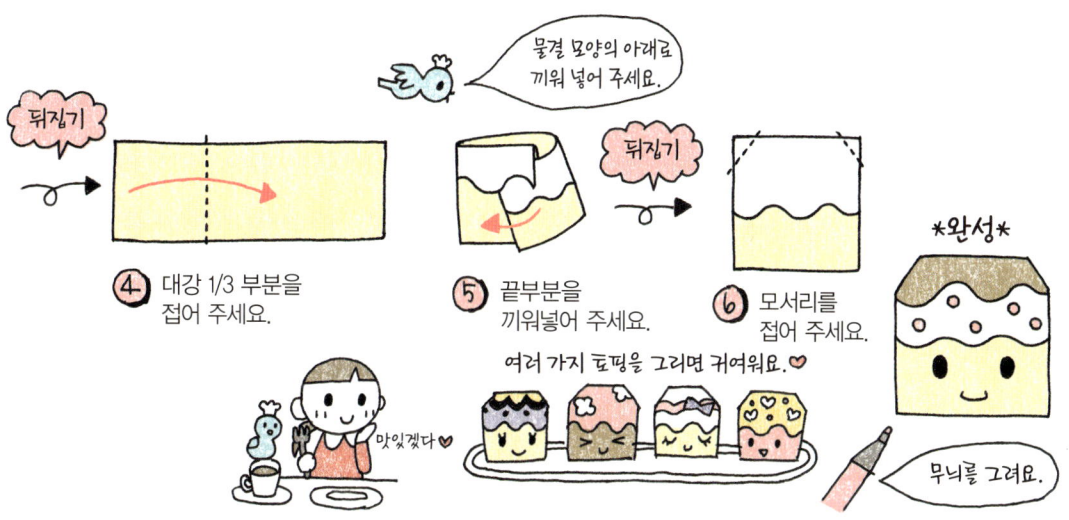

물결 모양의 아래로
끼워 넣어 주세요.

뒤집기

뒤집기

완성

④ 대강 1/3 부분을
접어 주세요.

⑤ 끝부분을
끼워넣어 주세요.

여러 가지 토핑을 그리면 귀여워요. ♡

⑥ 모서리를
접어 주세요.

맛있겠다 ♡

무늬를 그려요.

딸기 모양으로 접기

꼭지가 있는 딸기 메모 종이접기.
책의 모서리에 끼우면 책갈피로도 사용할 수 있어요.
정말 귀엽죠?

책과 노트의 모서리에
끼워 넣어 책갈피로!

핑크와 녹색의 양면 색종이로 접으
면 진짜 딸기같이 돼요. 딸기의 계
절에 보내면 멋지겠죠?

38

딸기 모양으로 접는 방법

종이 크기 ● 정사각형(8.5×8.5㎝, 7.5×7.5㎝)

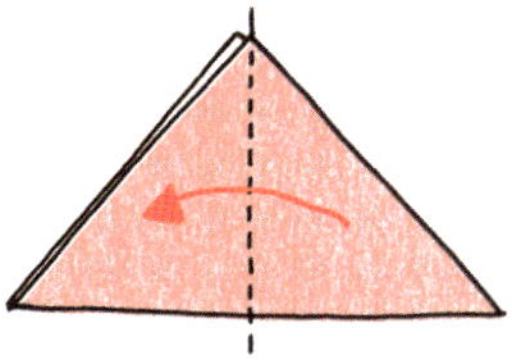

접은 모습

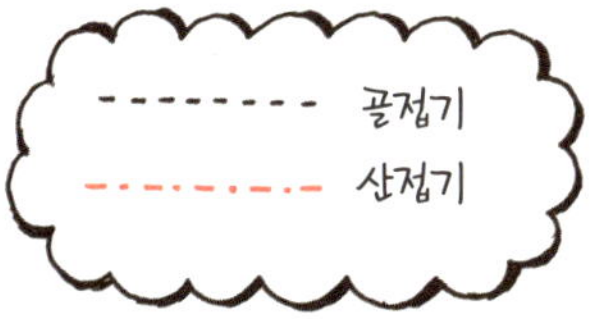

- - - - - 골접기
- · - · - 산접기

① 삼각형으로 접고,
다시 한 번 삼각형으로
접어 주세요.

② ⬆ 부분을 펼치며
눌러 접어 주세요.

접은 모습

**대강
이 정도**

뒤집기

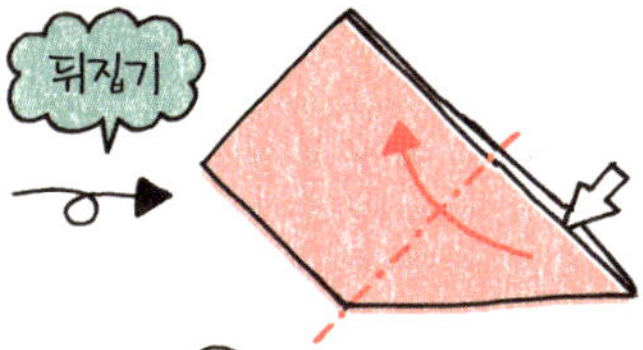

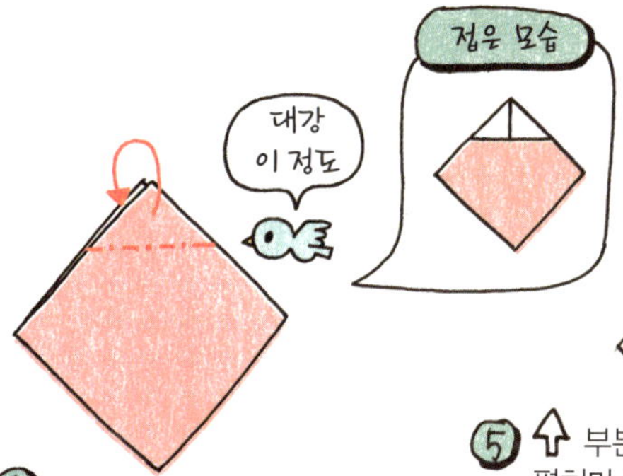

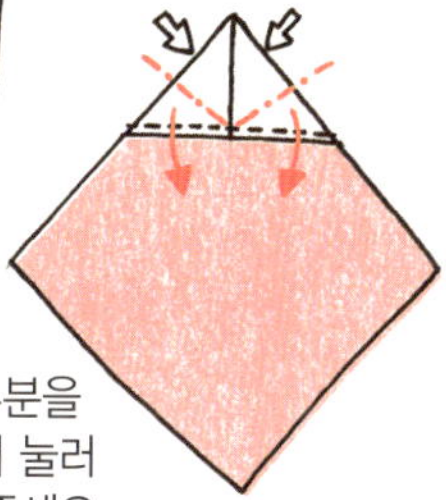

③ 뒤쪽도 같은 방법으로
펼치며 눌러 접어 주세요.

④ 앞 장을 뒤로 접어
끼워 넣어 주세요.
뒤집어서 같은 방법으로
접어 주세요.

⑤ ⬆ 부분을
펼치며 눌러
접어 주세요.

THANKS

FOR
YOU

알갱이를
그리면
딸기처럼
보여요.

완성

사과 모양으로 접기

동글동글 귀여운 사과 메모지예요.
빨강, 파랑, 노랑색으로 접어서 알록달록 다양한 사과 메모지를
친구에게 선물해 보세요.

진아에게

어제는

고마웠어★

미영

맛있었어!

꼭지는 가위로
잘라 만들어요.

얼굴을 그리면 더욱 다정해 보
여요! 내 마음이 상대방에게
담았으면 좋겠어요.

사과 모양으로 접는 방법

종이 크기 ● 정사각형(10.5×10.5㎝, 8.5×8.5㎝, 7.5×7.5㎝)
준비물 ● 가위

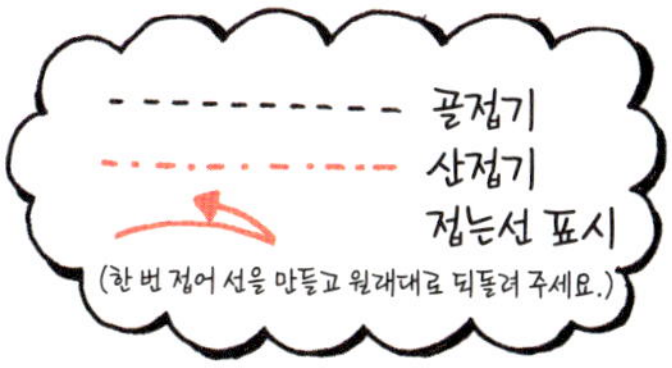

① 삼각형으로 접고,
양쪽 모서리를
접어 주세요.

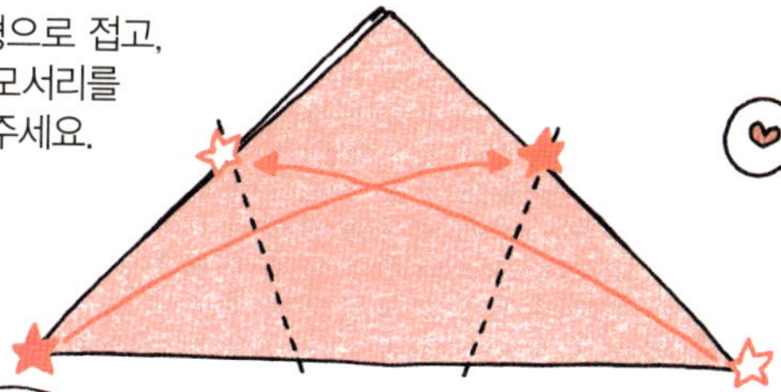

----------- 골접기
--·--·--·-- 산접기
접는선 표시
(한 번 접어 선을 만들고 원래대로 되돌려 주세요.)

★과 ★,
☆과 ☆이 만나게
접어 주세요.

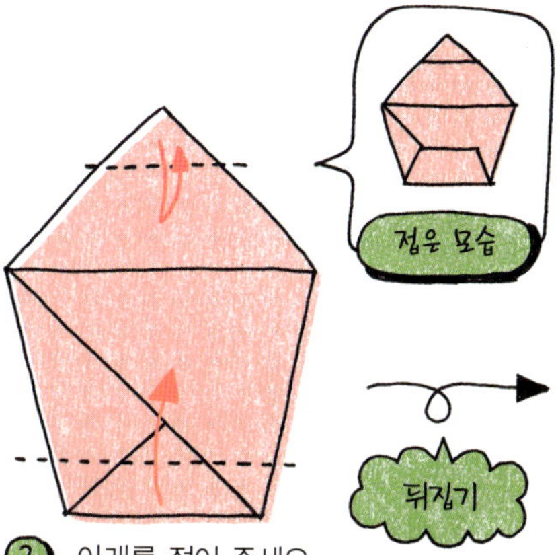

여기는
산접기예요!

접은 모습

뒤집기

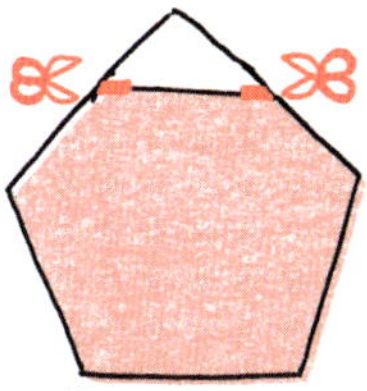

④ 뒷장을 가위로
잘라 주세요.

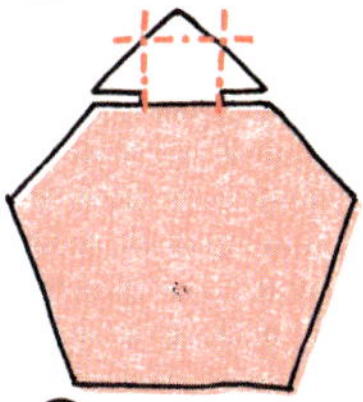

⑤ 자른 부분을
접어 주세요.

② 아래를 접어 주세요.
위쪽은 조금 접었다 펴서
접는 선을 표시해 주세요.

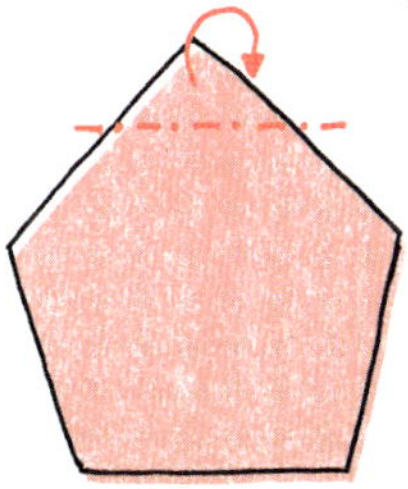

③ 앞 장을 안쪽으로
접어 넣어 주세요.

완성

여러 가지
색깔로 만들면
귀여워요!

작은 초대장부터 감사 편지까지, 어디에나 다양하게 사용할 수 있어요.

버섯 모양으로 접기

여자아이와 남자아이 모두 좋아하는 버섯 모양.
볼수록 재미있는 버섯 모양 메모지는 가족이나 친구에게 선물하기 좋아요!

버섯 모양으로 접는 방법

종이 크기 ● 직사각형(15×10.5㎝, 11×8㎝)

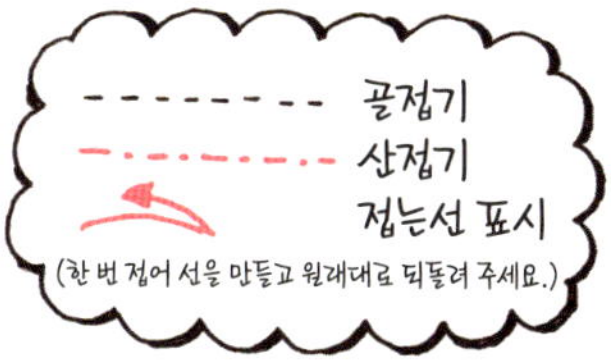

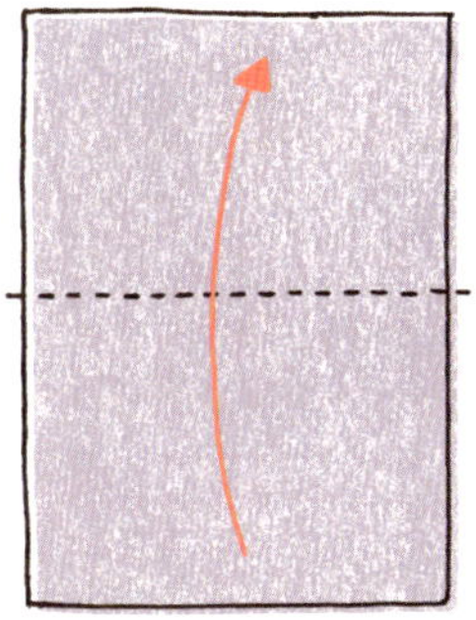

① 반으로 접어 주세요.

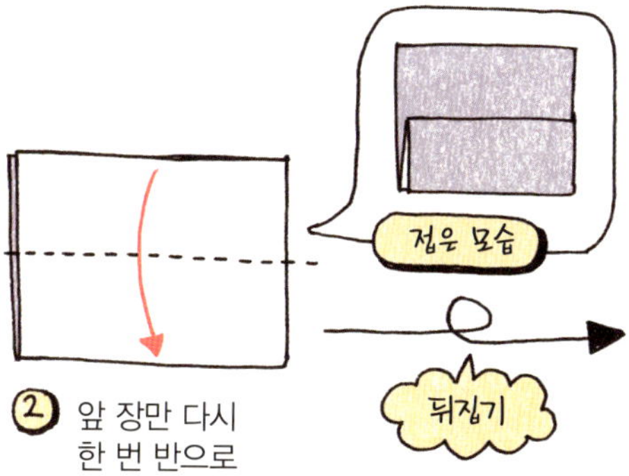

② 앞 장만 다시 한 번 반으로 접어 주세요.

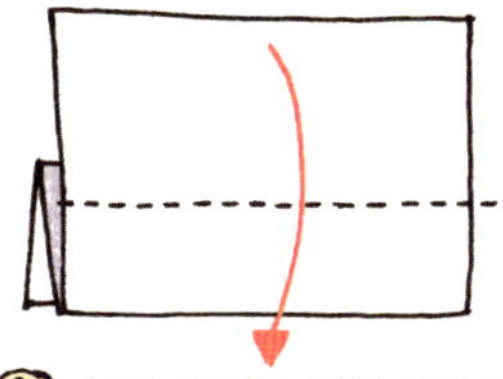

접은 모습

뒤집기

----- 골접기
-·-·- 산접기
← 접는선 표시

(한 번 접어 선을 만들고 원래대로 되돌려 주세요.)

③ 조금 아래로 튀어 나오도록 접어 주세요.

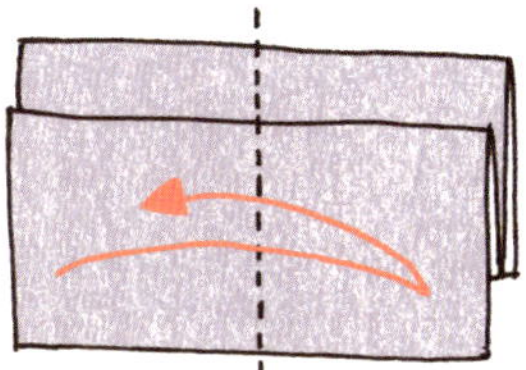

④ 반으로 접었다 펴서, 접는 선을 표시해 주세요.

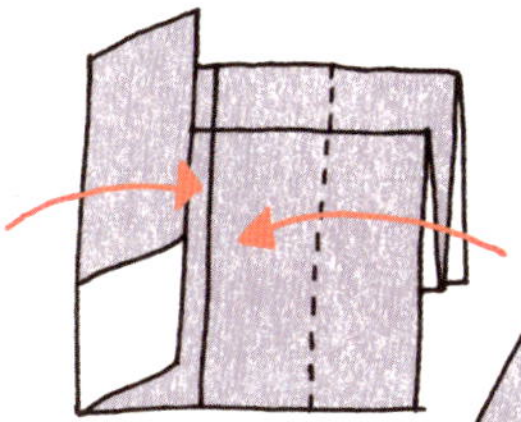

⑤ 접는 선에 맞추어 양쪽을 접어 주세요.

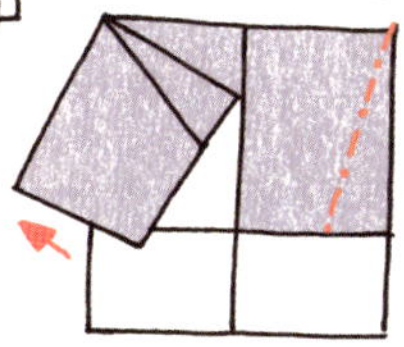

⑥ 앞 장을 비스듬히 밖으로 끌어 당기며, 눌러 접듯이 접어 주세요. 오른쪽도 같은 방법으로 접어 주세요.

뒤집기

⑦ 모서리를 비스듬히 뒤로 접어 주세요.

얼굴과 무늬를 그려 주세요.

완성

계절별
메모지 접기

봄의 꽃, 여름의 방학, 가을의 핼러윈, 겨울의 크리스마스.
계절별 행사나 이벤트를 더욱 재미나게 해 줄
메모지 접기 방법을 소개할게요.

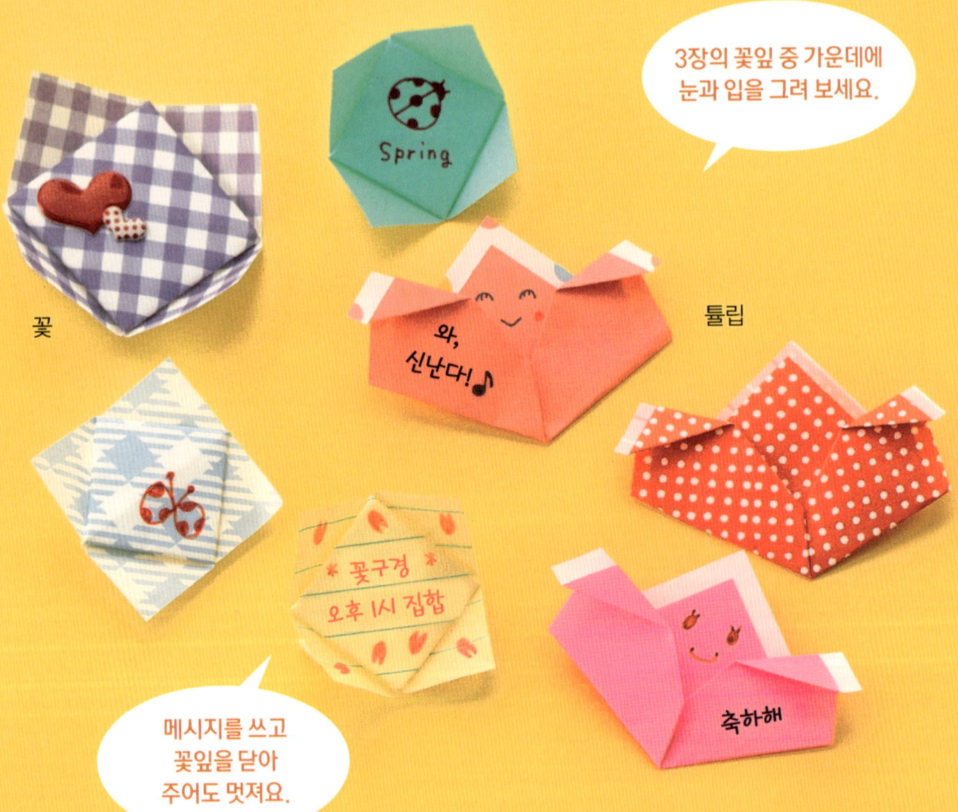

3장의 꽃잎 중 가운데에
눈과 입을 그려 보세요.

꽃

Spring

와,
신난다!♪

튤립

메시지를 쓰고
꽃잎을 닫아
주어도 멋져요.

꽃구경
오후 1시 집합

축하해

봄꽃 모양으로 접기

봄을 수놓는 귀여운 꽃 모양 메모지.
입학식과 꽃구경 등 즐거운 이벤트가 많은 봄에 어울리는 디자인이에요.

꽃 모양으로 접는 방법

종이 크기 ● 정사각형(10.5×10.5㎝, 7.5×7.5㎝)
준비물 ● 스티커

① 가로세로로 반으로
접었다 펴서 접는 선을
표시한 다음, 가운데를
향하도록 접어 주세요.

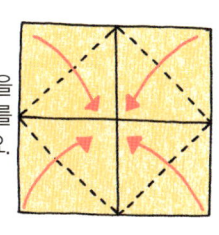

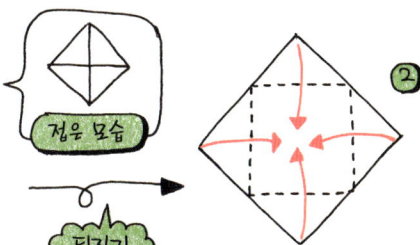

접은 모습

뒤집기

② 가운데를 향하도록
접어 주세요.

③ 가운데를
향하도록
접어 주세요.

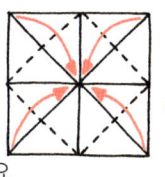

뒤집기

④ 펼쳐
주세요.

뒤에 스티커를
붙여요!

＊완성＊

마이
에게

튤립 모양으로 접는 방법

종이 크기 ● 정사각형(7.5×7.5㎝)

① 삼각형으로 접되,
조금 아래로
접어 주세요.

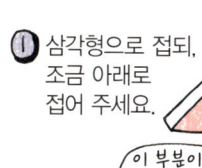

이 부분이
가운데예요.

② 가운데를 조금
지나게 비스듬히
접어 주세요.

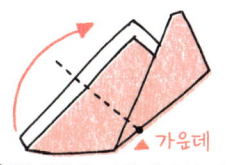

가운데

③ 반대쪽은 가운데에서 접어
주세요.

직사각형의
메모지로
만들면
꽃잎의 수가
늘어나요.

④ 양쪽을 약간
비스듬히
접어 주세요.

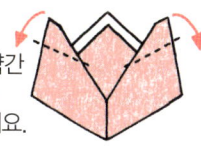

활짝
피었어요!

＊완성＊

양면 색종이를
사용하면
2가지 색으로
즐길 수 있어요.

쪽지 띠 부분에도
메시지를 쓸 수 있어요.

빨강과 초록의
양면 색종이로 접으면
진짜 수박 같아요.

불꽃놀이
같이 가자!

THANK
YOU

수박 모양
접는 방법▶48쪽

여름 소녀 모양
접는 방법▶47쪽

MEMO

물고기 모양
접는 방법▶49쪽

11시에
집합!

구름 모양으로
메시지를 감싸면
읽기 쉬워요.

여름방학 이벤트 접기

바다, 축제, 계절 음식……
여름 분위기가 넘치는 메모지로
가족, 친구와 여름방학을 즐겨요.

불꽃놀이, 수영장 등의 초대 카드
로 사용할 수 있어요. 여름방학 기
분이 한층 더 UP!

여름 소녀 모양으로 접는 방법

종이 크기 ● 정사각형(7.5×7.5㎝, 7×7㎝)
준비물 ● 허리띠용 종이(1.2×7.5㎝)

---- 골접기
-·-·- 산접기

돌리기

뒤집기

접은 모습

★이 위로 오도록!

① 조금 접어 주세요.

② ①과 겹치도록 똑같이 접어 주세요.

③ 조금 접어 주세요.

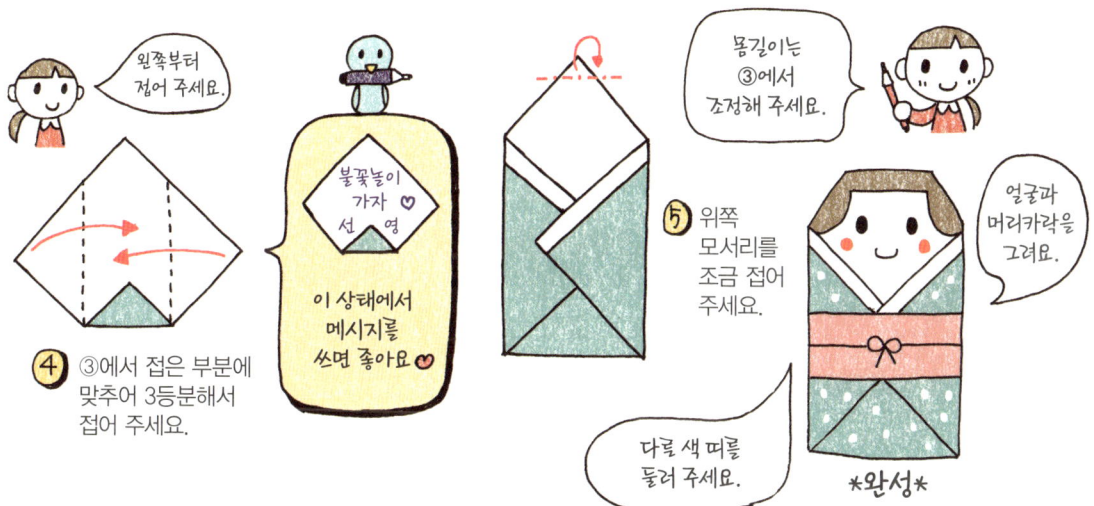

왼쪽부터 접어 주세요.

④ ③에서 접은 부분에 맞추어 3등분해서 접어 주세요.

불꽃놀이 가자 ♡ 선 영

이 상태에서 메시지를 쓰면 좋아요 ♡

몸길이는 ③에서 조정해 주세요.

⑤ 위쪽 모서리를 조금 접어 주세요.

얼굴과 머리카락을 그려요.

다른 색 띠를 둘러 주세요.

＊완성＊

수박 모양으로 접는 방법

종이 크기 ● 정사각형(15×15㎝, 8×8㎝)

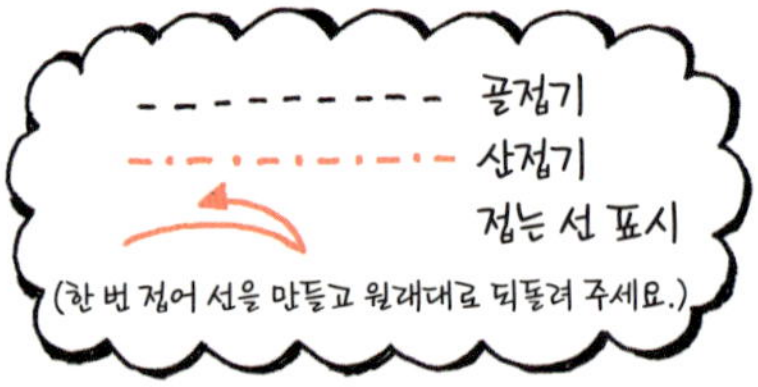

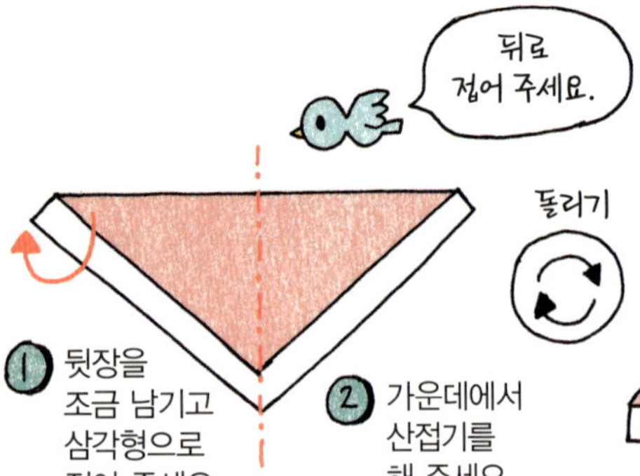

뒤로 접어 주세요.

돌리기

① 뒷장을 조금 남기고 삼각형으로 접어 주세요.

② 가운데에서 산접기를 해 주세요.

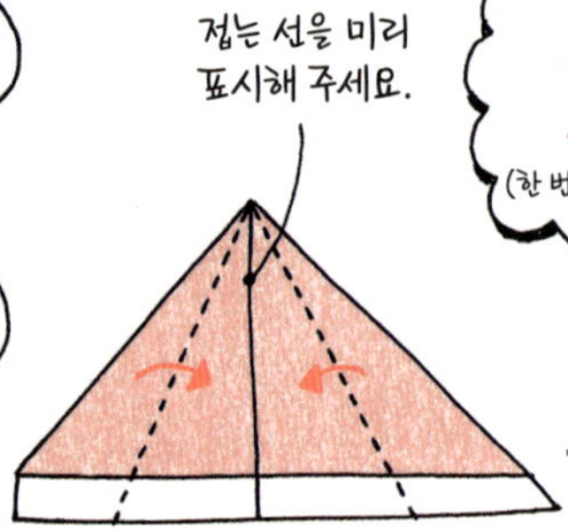

접는 선을 미리 표시해 주세요.

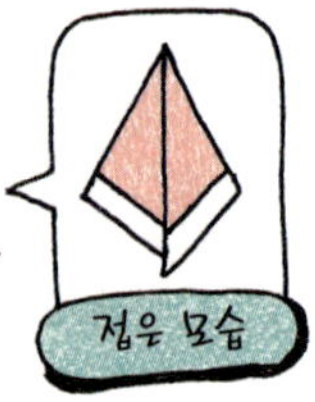

- - - - - - 골접기
- · - · - · 산접기
← 접는 선 표시
(한 번 접어 선을 만들고 원래대로 되돌려 주세요.)

③ 가운데 접는 선에 맞추어 양쪽을 접어 주세요.

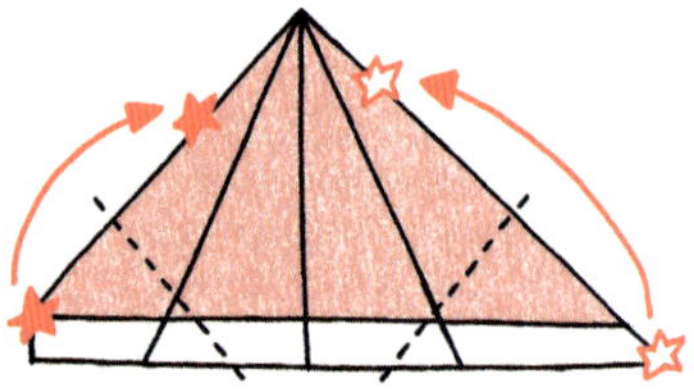

접은 모습

④ ③을 펼친 뒤 ★과 ★, ☆과 ☆이 만나도록 접어 주세요.

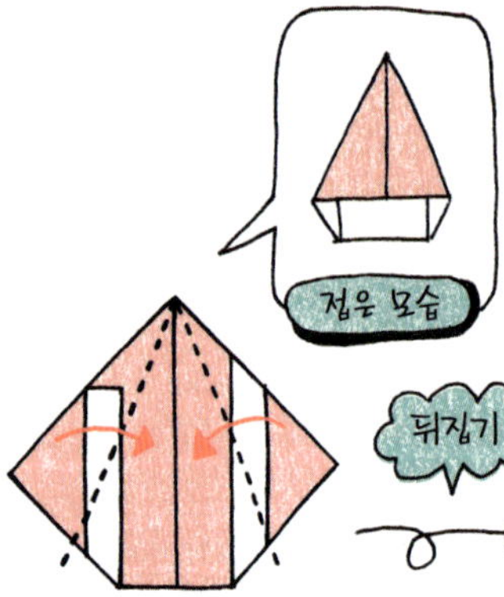

접은 모습

⑤ 가운데 접는 선에 맞추어 접어 주세요.

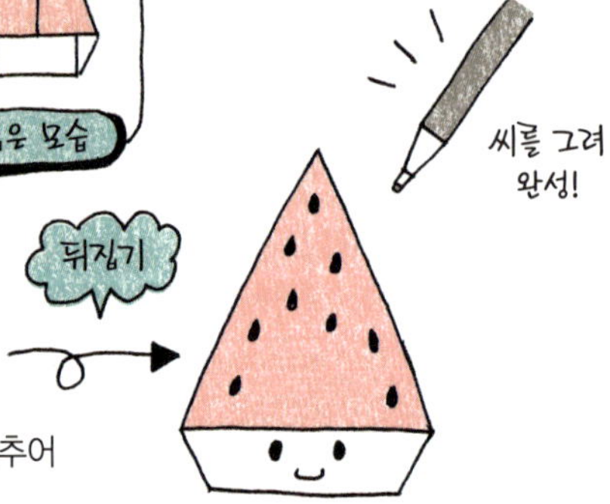

뒤집기

씨를 그려 완성!

완성

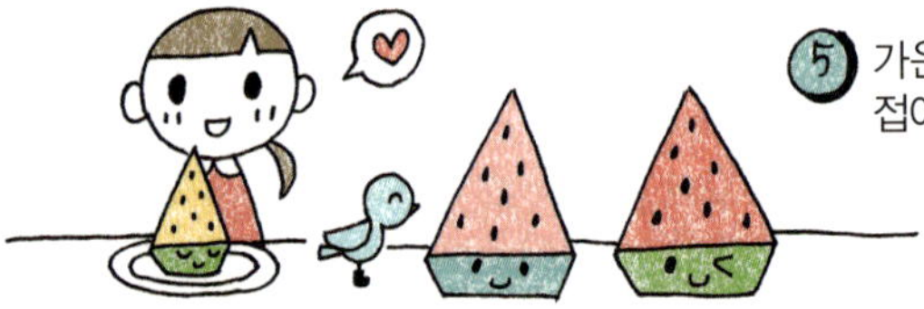

48

물고기 모양으로 접는 방법

종이 크기 ● 정사각형(15×15cm, 8.5×8.5cm)

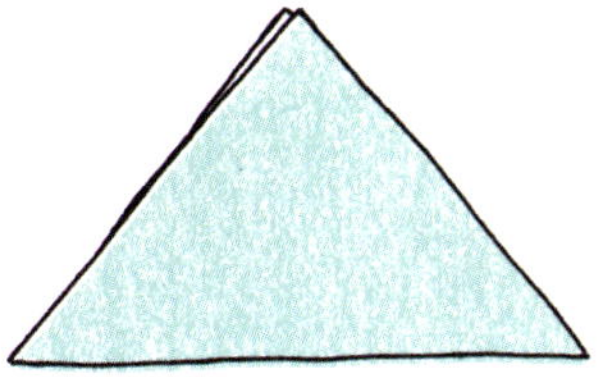

① 삼각형으로 접어 주세요.

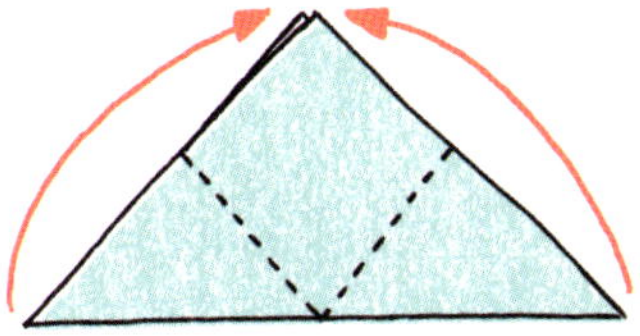

② 양쪽 모서리를 위의 끝에
맞추어 접어 주세요.

컬러풀한
종이로
접으면
열대어
같아요 ♥

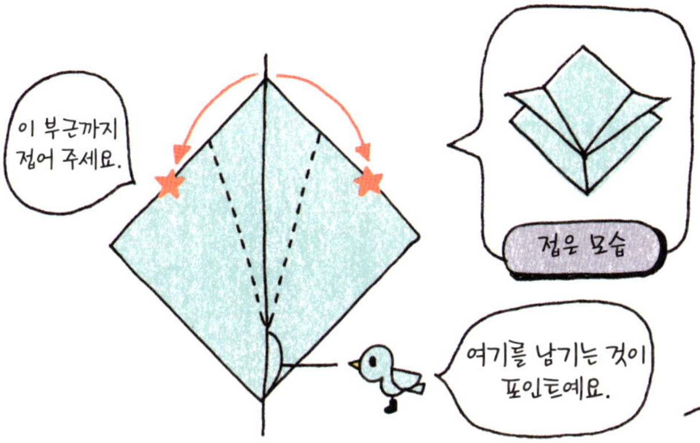

이 부근까지
접어 주세요.

접은 모습

여기를 남기는 것이
포인트예요.

돌리기

③ ★에 맞추어 양쪽을
비스듬히 접어 주세요.

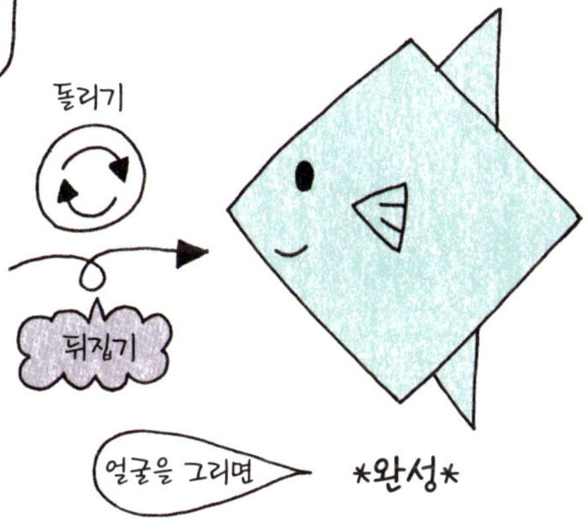

뒤집기

얼굴을 그리면   *완성*

19

핼러윈 파티의 초대에 딱이에요! 보라색이나 검정, 오렌지 등 핼러윈과 어울리는 색의 종이로 만들면 더욱 좋아요.

파티 초대 글은 날개에 써 주세요.

광택이 있는 독특한 무늬의 종이로 분위기 UP!

박쥐 모양 접는 방법▶52쪽

마녀 모자 모양 접는 방법▶53쪽

유령 모양 접는 방법▶51쪽

장난스러운 표정으로 애교 있게!

핼러윈 이벤트 접기

최근 점점 큰 이벤트로 자리잡는 핼러윈 데이!
분위기에 어울리는 아이템의 메모지로 축제 기분을 마음껏 내 보세요!

유령 모양으로 접는 방법

종이 크기 ● 정사각형(10×10㎝, 7×7㎝)

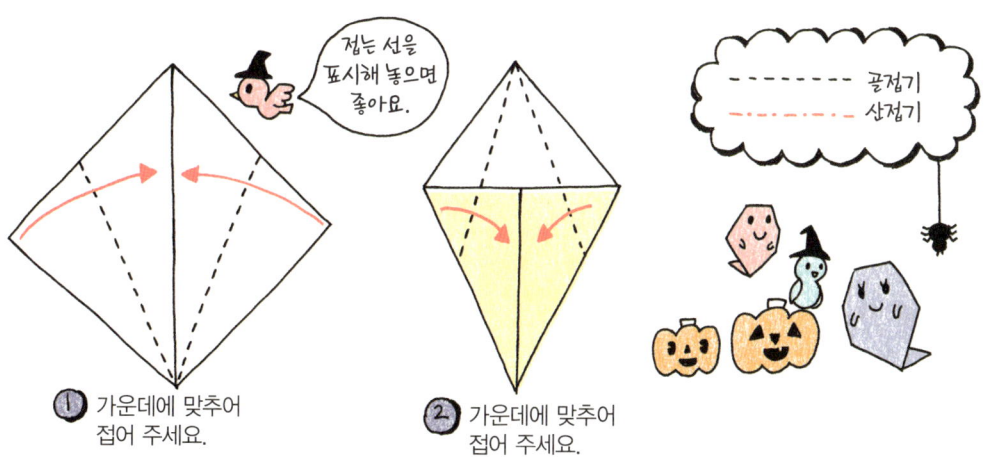

접는 선을 표시해 놓으면 좋아요.

골접기
산접기

① 가운데에 맞추어 접어 주세요.

② 가운데에 맞추어 접어 주세요.

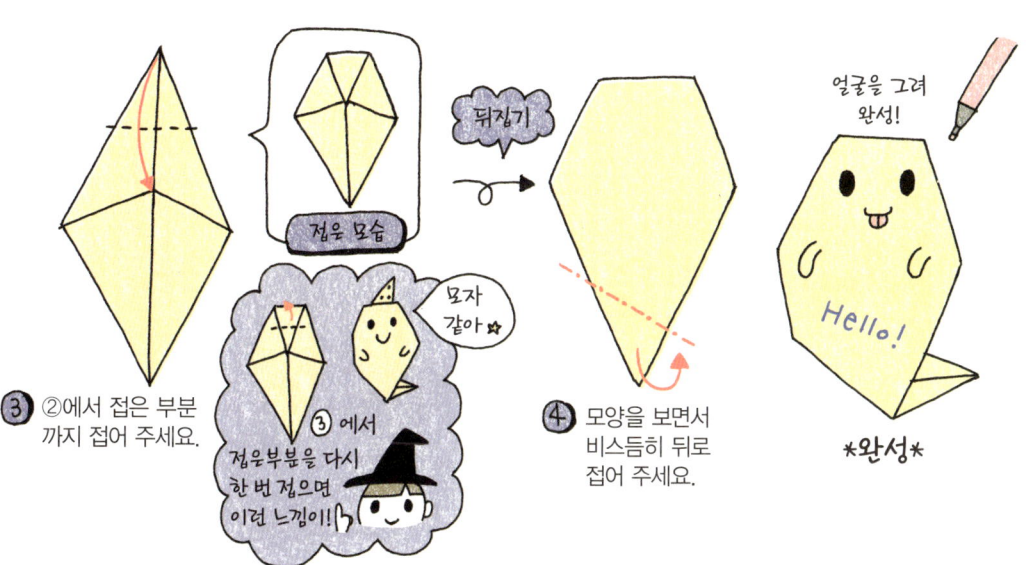

접은 모습

뒤집기

모자 같아 ✿

③ ②에서 접은 부분 까지 접어 주세요.

③에서 접은부분을 다시 한 번 접으면 이런 느낌이!

④ 모양을 보면서 비스듬히 뒤로 접어 주세요.

얼굴을 그려 완성!

Hello!

완성

박쥐 모양으로 접는 방법

종이 크기 ● 직사각형(12.5×18.5㎝) 정사각형(15×15㎝)

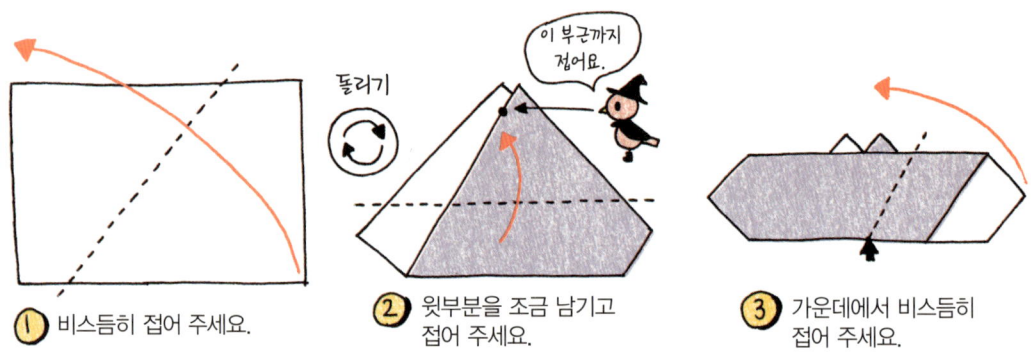

① 비스듬히 접어 주세요.

돌리기

이 부근까지 접어요.

② 윗부분을 조금 남기고 접어 주세요.

③ 가운데에서 비스듬히 접어 주세요.

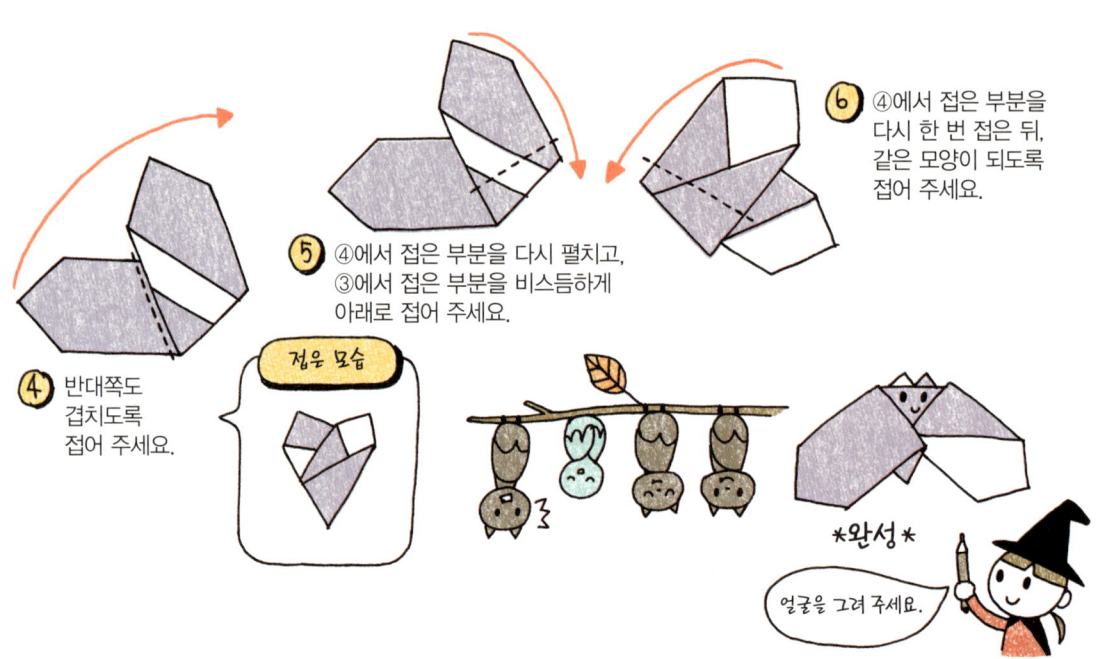

⑥ ④에서 접은 부분을 다시 한 번 접은 뒤, 같은 모양이 되도록 접어 주세요.

⑤ ④에서 접은 부분을 다시 펼치고, ③에서 접은 부분을 비스듬하게 아래로 접어 주세요.

④ 반대쪽도 겹치도록 접어 주세요.

접은 모습

완성

얼굴을 그려 주세요.

마녀 모자 모양으로 접는 방법

종이 크기 ● 정사각형(15×15㎝)
준비물 ● 스티커

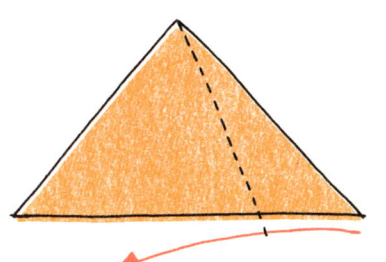

① 삼각형으로 접고,
그림처럼 1/3 부분에서
접어 주세요.

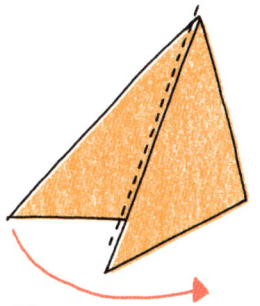

② 반대쪽도 접어 주세요.

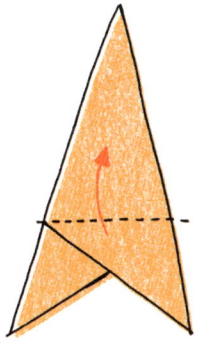

③ 아랫부분을
접어 주세요.

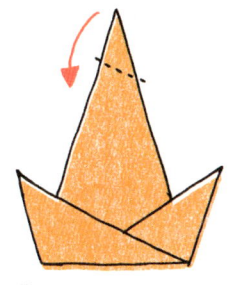

④ 위쪽을 비스듬히
접어 주세요.

스티커
등으로
고정시켜
주세요.

＊완성＊

안에 작은
과자나 사탕을
넣어도
좋아요♥

어울려요!

어때?

크리스마스 이벤트 접기

산타클로스, 크리스마스트리 등 계절에 맞는
메모지 접기로 크리스마스를 축하해요.

가족과 친한 친구, 자주 만나지 못하는 친구에게 크리스마스카드로 겨울 인사를 해요! 봉투에 넣어 보내세요.

크리스마스트리 모양
접는 방법▶56쪽

Merry
X'mas!

하얀 펜으로 심플하게 장식을 그리면 참 멋져요.

산타클로스 모양
접는 방법▶55쪽

해피
크리스마스!

쪽지의 흰색 면을 살려서 산타클로스 수염을 그려요.

하얀 목도리가 갖고 싶어요.

은주

부츠 모양
접는 방법▶57쪽

갖고 싶은 선물을 써요.

산타클로스 모양으로 접는 방법

종이 크기 ● 정사각형(7.5×7.5㎝)

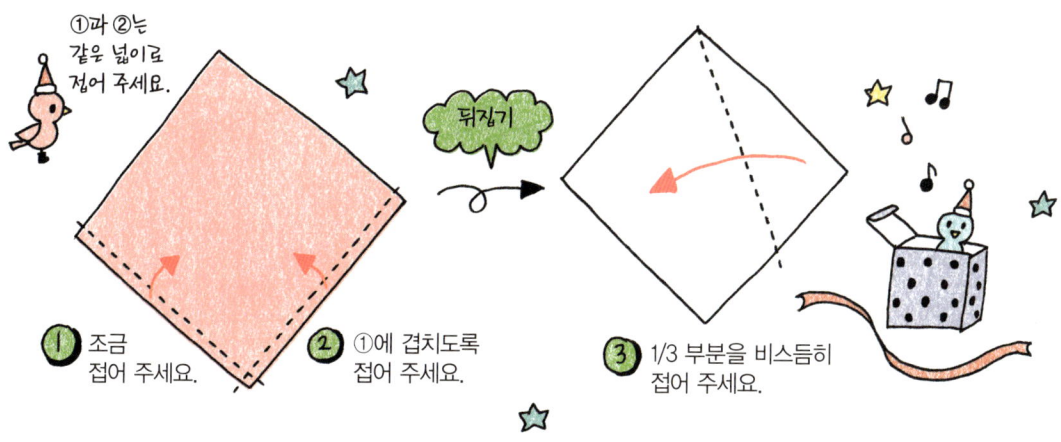

①과 ②는
같은 넓이로
접어 주세요.

뒤집기

1 조금
접어 주세요.

2 ①에 겹치도록
접어 주세요.

3 1/3 부분을 비스듬히
접어 주세요.

4 반대쪽도 접어 주세요.

5 위쪽 모서리를
비스듬히 접어 주세요.

메시지나
얼굴을 그려
완성!

Merry Christmas

완성

산타클로스의 미소가 담긴
메모로 기분도 징글벨 ♥

55

크리스마스트리 모양으로 접는 방법

종이 크기 ● 정사각형(15×15㎝)

① 뒷장을 조금 남기고
삼각형으로 접어 주세요.

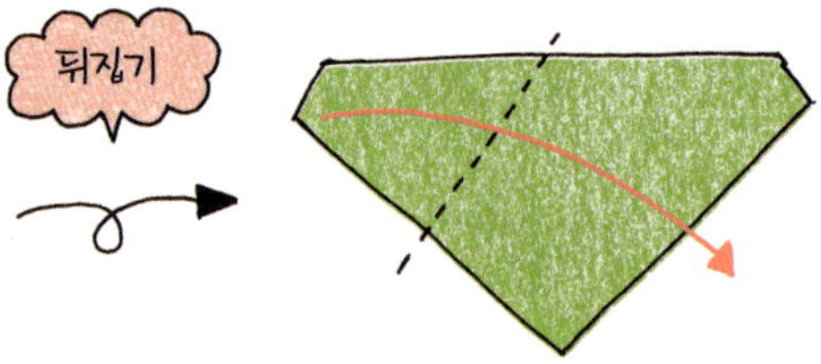

뒤집기

② 1/3 부분에서
비스듬히 접어 주세요.

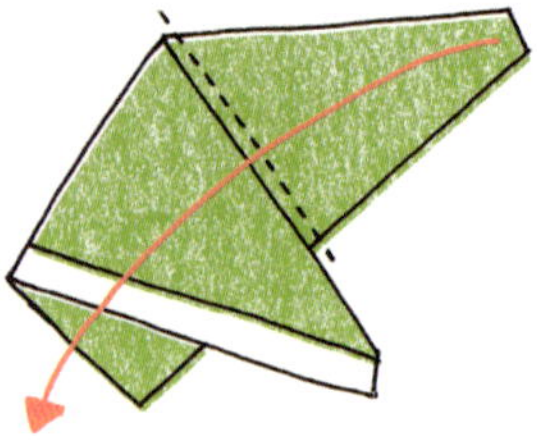

③ 반대쪽도 접어 주세요.

④ 아래쪽 모서리를
뒤로 접어 주세요.

별 스티커를
붙이면 예뻐요!

완성

장식을
그려서
오려 붙여요♪

- - - - - - 골접기
-·-·-·- 산접기

56

부츠 모양으로 접는 방법

종이 크기 ● 직사각형(12×10cm)

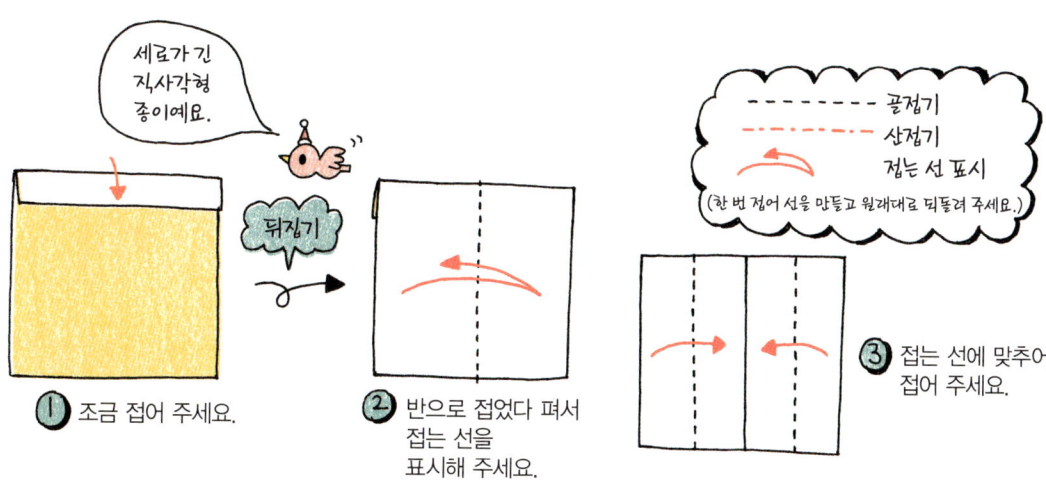

세로가 긴 직사각형 종이예요.

뒤집기

① 조금 접어 주세요.

② 반으로 접었다 펴서 접는 선을 표시해 주세요.

- - - - - 골접기
- ·- ·- 산접기
→ 접는 선 표시

(한 번 접어 선을 만들고 원래대로 되돌려 주세요.)

③ 접는 선에 맞추어 접어 주세요.

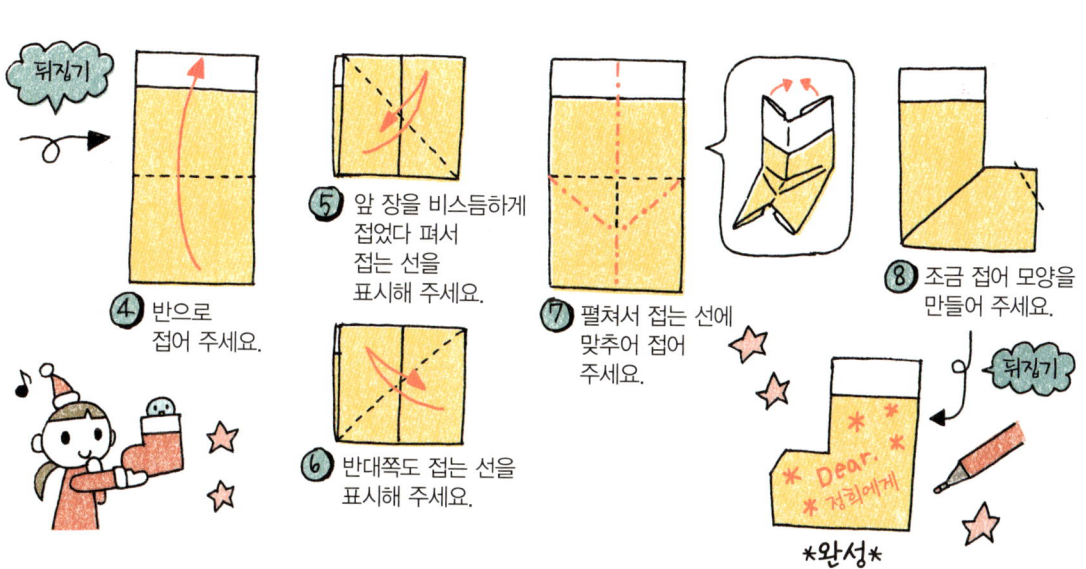

뒤집기

④ 반으로 접어 주세요.

⑤ 앞 장을 비스듬하게 접었다 펴서 접는 선을 표시해 주세요.

⑥ 반대쪽도 접는 선을 표시해 주세요.

⑦ 펼쳐서 접는 선에 맞추어 접어 주세요.

⑧ 조금 접어 모양을 만들어 주세요.

뒤집기

Dear. 정희에게

완성

Part 4

귀여운 산리오 캐릭터 친구

헬로키티, 마이멜로디, 시나모롤 등
산리오 캐릭터를 메모지로 접어 만들면,
모두가 부러워할 거예요.

하얀색 계열의 종이라면
어떤 것이라도 OK예요.

리본은 다른 종이에 그린 다음
잘라 붙이면 돼요.

눈과 코의 위치 균형이 포인
트예요. 잘 보고 그리세요!
얼굴은 타원형으로 접으며
조절하세요.

헬로키티 모양으로 접기

어른부터 아이까지 모두가 사랑하는 헬로키티!
눈과 코의 위치만 잘 맞추어 그리면 누구라도 예쁘게 완성할 수 있어요.
받는 사람도 정말 좋아할 거예요.

헬로키티 모양으로 접는 방법

종이 크기
정사각형
(10×10㎝, 8.5×8.5㎝, 7.5×7.5㎝)

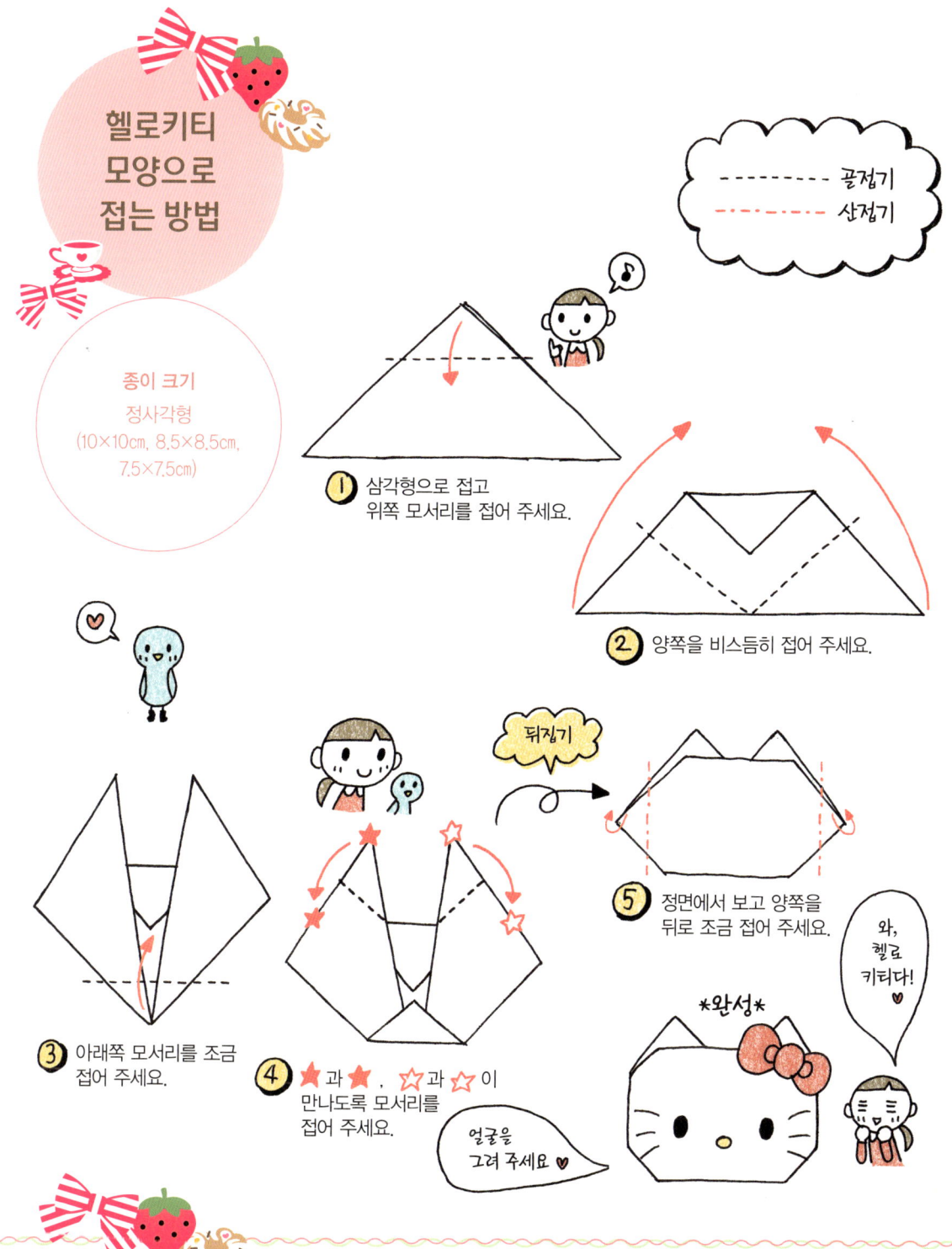

곡접기

산접기

① 삼각형으로 접고 위쪽 모서리를 접어 주세요.

② 양쪽을 비스듬히 접어 주세요.

③ 아래쪽 모서리를 조금 접어 주세요.

④ ★ 과 ★ , ☆ 과 ☆ 이 만나도록 모서리를 접어 주세요.

뒤집기

⑤ 정면에서 보고 양쪽을 뒤로 조금 접어 주세요.

와, 헬로 키티다! ♥

완성

얼굴을 그려 주세요 ♥

마이멜로디 모양으로 접기

분홍색 두건을 쓴 귀여운 마이멜로디 메모지 접기.
조금 어렵지만 완성된 모습은 정말 사랑스러워요!

분홍색 두건이 특징이에요. 분홍색
색종이로 접어도 좋고, 하얀색 종이
로 접어서 색을 칠해도 OK!

귀여운 표정의 마이멜로디.
다른 표정도 재미있어요.

귀를 반 정도
접어 주세요!

마이멜로디 모양으로 접는 방법

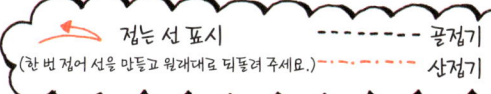
접는 선 표시 ----- 골접기
(한 번 접어 선을 만들고 원래대로 되돌려 주세요.) -·-·-·- 산접기

종이 크기
정사각형(7.5×7.5㎝, 7×7㎝)
준비물
가위

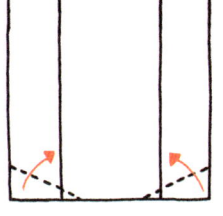

① 가운데에 맞추어 접는 선을 표시한 다음, 양쪽 모서리를 비스듬히 접어 주세요.

메세지는 여기에!
내일 어디 가?
위쪽의 가운데를 가위로 자를 거예요. 메시지는 가운데에 쓰세요.

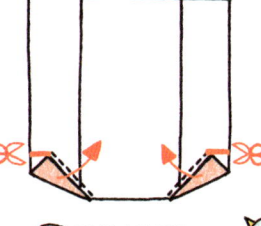

② 접은 부분의 모서리까지 가위로 자르고, 다시 한 번 말듯이 접어 주세요.

양쪽을 같은 길이로 잘라 주세요.

③ 접은 부분의 가장 위쪽 모서리에 맞추어 접었다 펴서, 접는 선을 표시해 주세요.

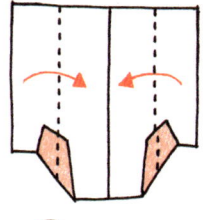

④ 가운데에 맞추어 접어 주세요.

여기가 ③에서 만든 선이에요.

⑤ ③에서 만든 접는 선과 그 선 조금 윗부분을 계단처럼 접어 주세요.

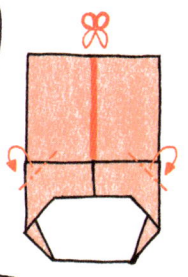

⑥ 접은 부분 모서리를 조금 접어 끼워 넣고, 위를 반으로 잘라 주세요.

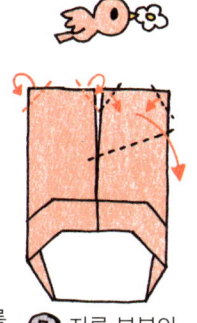

꽃은 다른 종이에 그린 뒤 잘라 붙여 주세요.

⑦ 자른 부분의 모서리를 각각 접고, 오른쪽 귀를 앞으로 접어 주세요.

얼굴을 그리면 **＊완성＊**

시나모롤 모양으로 접기

구름처럼 보송보송한 모습의 하늘을 나는 강아지, 시나모롤.
귀여운 시나모롤 모양 메모지는 누구나 좋아해요!

갈색 종이로 만들면
모카도 돼요.

하얀색 계열의 종이라면
어떤 것이든 OK!

긴 귀가 매력 포인트예요. 양쪽 귀가 같은
모양이 되도록 정성껏 접어 주세요.

62

시나모롤 모양으로 접는 방법

종이 크기
정사각형
(11×11㎝, 8.5×8.5㎝)

골접기
산접기

양쪽이 같은 높이가 되도록 수평으로 접어 주세요.

① 삼각형으로 접고, 모서리가 아래로 조금 튀어나오도록 접어 주세요.

접은 모습

② 튀어나온 부분을 뒤로 접어 정확히 넣어 주세요.

돌리기

뒤집기

③ 양쪽을 접어 주세요.

④ 다시 접어 주세요.

접는 모습

눈의 위치가 중요해요!

뒤집기

뒤집기

⑤ ↑ 부분을 펼치며 눌러 접어 주세요.

★의 위치에 맞춰 주세요.

얼굴을 그리면   *완성*

디자인 나카무라 시호
DTP 쿠로다 아사코(niko works)
일러스트 푸리
기획편집 이시비키 쿄우코, 나가츠카 아키코(niko works)
촬영 무라야마 히로코

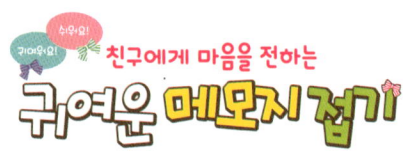

친구에게 마음을 전하는
귀여운 메모지 접기

2015년 3월 30일 1판 1쇄 발행 | 2016년 8월 30일 1판 2쇄 발행

편저 이시카와 마리코 | 번역 박은미 | 펴낸이 문제천 | 펴낸곳 ㈜은하수미디어
편집책임 오숙희 | 편집 강숙희 이진주 | 디자인책임 문미라 | 디자인 이수진 곽윤정
디자인지원 중앙아트그라픽스 | 제작책임 이남수
주소 서울시 송파구 송이로32길 18, 405 (문정동, 4층)
대표전화 (02)449-2701 | 팩스 (02)404-8768 | 편집부 (02)3402-1386
홈페이지 www.ieunhasoo.com | 출판등록 제22-590호 (2000. 7. 10.)

꽃게응서랑꽃

잘라서활용하세요

절취선 가운데를 접으세요